ROMANTISCHE HUIZEN
IN NEDERLAND

COUNTRY HOUSES
OF HOLLAND

LES MAISONS
ROMANTIQUES
DE HOLLANDE

Happy Birthday Nicki 2001!
.... my dear friend with whom I shared
so many memories in so many houses
in Nederland

with love,
Norma

ROMANTISCHE HUIZEN IN NEDERLAND

COUNTRY HOUSES OF HOLLAND

LES MAISONS ROMANTIQUES DE HOLLANDE

Barbara & René Stoeltie

ONDER REDACTIE VAN · EDITED BY · SOUS LA DIRECTION DE

Angelika Taschen

TASCHEN / Librero

Inhoud
Contents
Sommaire

ROMANTISCHE HUIZEN IN NEDERLAND

Carel Fabritius, *Het puttertje · The Goldfinch · Le Chardonneret* (1654), Mauritshuis, Den Haag

BOVEN · ABOVE · CI-DESSUS:
Jan Vermeer, *Gezicht op Delft · View of Delft · Vue de Delft* (c. 1660–1661), detail, Mauritshuis, Den Haag

Zodra de naam 'Nederland' valt, dringen zich vertrouwde beelden op: een windmolen met draaiende wieken steekt donker af tegen een bewolkte hemel, een kudde bonte koeien graast in een wei die tot de horizon reikt, een meedogenloze noordenwind geselt een veld met eindeloze rijen tulpen, en de contouren van enkele dik ingepakte schaatsenrijders tekenen zich scherp af tegen een besneeuwd landschap waarin men hier en daar de omtrekken van een kerkje, een boom en een boerderijtje met een rieten dak ontwaart.

Het is onvermijdelijk dat Nederland voor altijd verweven is met de door Rembrandt, Pieter de Hooch, Vermeer, Jacob van Ruisdael en Meindert Hobbema vereeuwigde landschappen en interieurs, want deze meesters hebben ons geleerd dat dit vlakke land verfraaid wordt door lange lanen met rijen slanke, door de kracht van de wind gebogen bomen, door een indrukwekkend stelsel van kanalen en rivieren, waarin zich wolkenmassa's weerspiegelen met af en toe een stukje blauw ertussen, en door talloze landhuizen, kastelen en boerderijen, waarin men de sobere schoonheid van een glanzend schone vloer en glimmend gepoetst koperwerk ontdekt. De aanwezigheid van een mooie bos bloemen, een karaf schuimende rijnwijn en een tinnen schotel met oesters getuigt van een gelukkig huwelijk tussen het calvinisme en het epicurisme.

ROMANTIC COUNTRY HOUSES OF HOLLAND

Pieter van Anraadt, *Krug, Stilleven met stenen kruik, glas bier en pijpen · Jug, Glass of Beer, and Pipes on a Table · Pichet, verre de bière et pipes sur une table* (1658), Detail, Mauritshuis, Den Haag

You need only utter the word "Holland" to conjure up a host of stereotyped images. You will think, perhaps, of windmills slowly turning under clouded blue skies, or herds of black and white Friesian cows grazing in meadows that stretch into the middle distance. And more: pitiless winds out of the north lashing fields of tulips, muffled silhouettes of skaters against the snow, and winter landscapes whose relentless sameness is broken only by the occasional church spire, solitary tree, or thatched farmhouse.

Inevitably our idea of Holland is influenced by the landscapes and interiors of Rembrandt, Pieter de Hooch, Vermeer, Jacob van Ruisdael or Meindert Hobbema. These taught us that the Low Countries also have their slender trees bent sideways by the winds, their cloud-reflecting canals and rivers, and above all the snug houses of all degrees of people. In these houses we expect to find rich gleaming marble floors, polished coppers, pretty bouquets of flowers, pitchers brimming with hock, and pewter dishes laden with oysters – proof, if proof were needed, that Calvin and Epicurus are perfectly reconciled in the souls of the Dutch.

The Dutch people love their houses and are fiercely proud of their possessions. Here are no locked shutters or drawn cur-

Clara Peeters, *Kazen met amandelen en krakelingen · Cheeses with Almonds and Pretzels · Fromage avec amandes et bretzels* (c. 1612–1615), The Richard Green Gallery, London

LES MAISONS ROMANTIQUES DE HOLLANDE

Nous entendons le mot «Hollande» et aussitôt notre esprit se remplit d'images stéréotypes: un moulin à vent tourne ses ailes sous un ciel lourd de nuages, un troupeau de vaches blanches tachées de noir broutent l'herbe dans une prairie qui semble s'étendre à perte de vue, un vent du Nord impitoyable fouette un champ où poussent des rangées interminables de tulipes, et les silhouettes sombres de quelques patineurs emmitouflés se dessinent sur un fond de paysage enneigé interrompu ci et là par les contours d'une petite église, d'un arbre solitaire et d'une maison de campagne à toit de chaume.

Il est inévitable que le souvenir de la Hollande soit étroitement lié aux paysages et aux intérieurs immortalisés par Rembrandt, Pieter de Hooch, Vermeer, Jacob van Ruisdael ou Meindert Hobbema. Ces peintres nous ont appris que ce plat pays est peuplé de longues allées bordées d'arbres sveltes, courbés par la force des zéphyrs, d'un réseau impressionnant de canaux et de rivières où se reflètent des masses de nuages et un maigre pan de ciel bleu et d'une multitude de maisons, de la plus noble à la plus humble, dans lesquelles on découvre la richesse d'un sol en marbre luisant de propreté et des cuivres rageusement astiqués. La présence d'un joli bouquet de fleurs, d'un pichet de vin du Rhin écumant et d'un plat en étain surchargé d'huîtres, trahissent un mariage heureux entre le calvinisme et l'épicurisme.

Les Hollandais entretiennent leur maison avec amour et se

Meindert Hobbema,
Het laantje van Middelharnis · Avenue at Middelharnis · L'Allée de Middelharnis
(1689), detail,
National Gallery,
London

Nederlanders onderhouden hun huis met veel liefde en laten blijken dat ze trots zijn op hun bezittingen. Gesloten luiken en dichtgetrokken gordijnen zijn hun vreemd. In de stad en op het platteland bieden de huizen vaak een onbelemmerde blik op een vertrek waarin een grote tafel troont, waarin portretten van voorouders of een simpel landschap de wanden sieren en waarin een geranium in de vensterbank zorgt voor een fleurige noot. Men kan de neiging bijna niet bedwingen de op een kier staande deur open te duwen, deze frisse naar groene zeep geurende woning binnen te lopen en plaats te nemen in een leunstoel naast de met Delfts blauw betegelde schouw en de grote notenhouten klok die met zijn getik de vredige stilte beklemtoont.

Nederland is bij uitstek het land van kaas, van strogele boter, van romige melk, van malse haring, die men bij een kar op straat naar binnen laat glijden, van stroperige jenever die de tongen losmaakt en, om met Jacques Brel te spreken, van "de hemel die zo laag is dat een kanaal er zich aan heeft verhangen". Maar er is nog een ander Nederland, minder bekend en minder toegankelijk, een Nederland dat zijn kastelen vol kostbaarheden liever verbergt voor indiscrete blikken, waar boerderijen waar de tijd schijnbaar stil is blijven staan, zijn omgeven met hagen en bomen als kathedralen. Een besloten Nederland, dat de vruchten van de verbeelding van een kunstenaar of de aandoenlijke dwaasheid van een excentriekeling beschermt tegen de agressie van het dagelijks leven. Dat stukje Nederland moeten we nog verkennen. Laten we op reis gaan, want er valt nog zoveel te ontdekken!

tains; in both town and country windows are deliberately left unveiled so you can see straight into rooms where the big oak tables, portraits of ancestors, and flower pots bursting with geraniums make you want to push the half open door and go in. And when you do, there will be a scent of fresh soap and a deep chair to sit in by the fireplace, with its Delft tiles, while the walnut-veneered grandfather clock ticks away, filling the room with a sense of quiet and serenity.

Of course there are the famous cheeses, the straw-yellow butter, the creamy milk, the pickled herrings you eat standing in the street; also "genever", the syrupy Dutch gin, which oils the tongue, and the sky described by Jacques Brel as "… so low the canals are hung on it". Yet there's another Holland, hidden this time, a Holland which likes to spread out the treasures of its castles before the eyes of the curious, a Holland of farms surrounded by tall hedges and trees where time seems to have stopped and where artists and eccentrics are carefully shielded against the onset of the helter-skelter outside world. This is the Holland we have sought to describe in this book.

Salomon van Ruysdael, *De pont bij Nijmegen · The Crossing at Nimwegen · Le Bac près de Nimègues* (1647), detail, Rheinisches Landesmuseum, Bonn

montrent fiers de leurs possessions. Ici point de volets fermés ni de rideaux tirés mais, à la ville comme à la campagne, de grandes fenêtres dénuées de rideaux qui vous offrent le spectacle indiscret d'une pièce où trônent une grande table en chêne, quelques portraits d'ancêtres ou un simple géranium en pot. Vous avez alors envie de pousser la porte entrebâillée, d'entrer dans cette demeure qui fleure bon le savon et de vous asseoir dans un fauteuil profond près de la cheminée entourée de carreaux en Delft. La grande horloge en loupe de noyer au tic-tac monotone crée une ambiance paisible et calme.

La Hollande, ce sont bien sûr ces fromages célèbres, ce beurre couleur de paille, ce lait onctueux, ces harengs crus que l'on déguste dans la rue à belles dents, ce genièvre sirupeux qui délie les langues et, pour parler avec Jacques Brel, «ce ciel si bas qu'un canal s'est pendu». Mais il en existe une autre, peu connue et cachottière, qui aime dissimuler ses châteaux bourrés de trésors à l'œil investigateur des curieux, qui dresse des frontières de haies et d'arbres hauts comme des cathédrales autour des fermes où le temps semble s'être arrêté et qui protège le fruit de l'imagination d'un artiste ou la douce folie d'un excentrique contre les agressions d'une vie quotidienne au rythme de plus en plus effrené. Cette Hollande là reste à explorer … Partons à la découverte!

Pieter de Hooch, *Twee soldaten en een vrouw drinkend op een binnenplaatsje · Two Soldiers and a Woman Drinking in a Courtyard · Deux Soldats et une femme buvant dans une cour* (c. 1658–1660), detail, National Gallery of Art, Washington, D.C., Andrew Mellon Collection

Een vissershaven

Noord-Holland

De vissershaven Volendam, gelegen ten noorden van Amsterdam, aan de voormalige Zuiderzee, is wonderlijk genoeg onaangetast gebleven door de grote stroom toeristen. Grote aantallen bezoekers uit de hele wereld snuiven hier de levendige sfeer op en bewonderen de traditionele kostuums, de kleine, lage huisjes die zijn ingericht als poppenhuizen en de verrukkelijke vissoorten, waarbij de rauwe haring en gerookte paling een bijzondere plaats innemen. Nieuwsgierige bezoekers laten zich meevoeren door de menigte, wandelen door de nauwe straatjes en nemen een kijkje in de haven, waar het bruist van de activiteit. Ze verdringen zich rond de visopbrengst en kijken naar de aankomst van vissersboten, waarvan de uitpuilende netten zilverachtige lichtschitteringen hebben. Ze wijzen elkaar op de weinige bewoners die nog in klederdracht lopen en uitgedost zijn met een pet en een pofbroek van dikke zwarte 'baaien' stof of die een kanten geplooid mutsje en een halsketting dragen van bloedkoraal met een gouden sluiting. Nostalgie? Zeker, maar ook: een diepgeworteld respect voor het culturele erfgoed en voor het in stand houden van bijvoorbeeld een 19e-eeuws vissershuisje met een appelbloesemkleurig interieur waar voor altijd de sfeer van het verleden hangt.

VORIGE BLADZIJDEN: *De houten palen zullen gebruikt worden voor de aanleg van een nieuwe steiger. Aan de horizon is het eiland Marken te zien.*
LINKS: *'Pul', een bekende Volendammer, in klederdracht.*

PREVIOUS PAGES: *wooden poles on one of the breakwaters, waiting to be turned into a new landing stage.*
LEFT: *"Pul", a popular local character, standing on one of the fishing boats in traditional local costume. This version was worn in summer.*

DOUBLE PAGE PRÉCÉDENTE: *Sur un des brise-lames, les rondins entassés attendent d'être transformés en appontement.*
A GAUCHE: *Dans une embarcation, «Pul», un personnage populaire, porte le costume traditionnel que l'on arborait jadis pendant les mois d'été.*

Achter de vishal schep-pen de vissers de flink uit de kluiten gewassen palingen over in fuiken – hun laatste behuizing voor ze naar de rokerij gaan.

Behind the market stall, fishermen dump sea eels out of their nets before sending them on to the smoke-house.

Derrière la poissonne-rie, les pêcheurs transva-sent les anguilles dans des nasses, leur ultime refuge avant de passer au fumoir.

The fishing port of Volendam, on the former Zuiderzee to the north of Amsterdam, has survived – strangely enough – thanks to a steady influx of tourists from all over the world. They come in large numbers to soak up the town's lively atmosphere, to see its traditional costumes and small low buildings decorated like doll's houses, and to consume the succulent fish (raw herring, smoked eel) for which Volendam is justly famous. Visitors walking in the narrow streets and in the busy harbour area are irresistibly drawn to the quayside, where a throng awaits the arrival of the boats and their silvery fish. The crowd will always include one or two people wear-ing traditional costumes – bonnets and baggy black worsted trousers, pleated lace caps and red coral collars with gold clasps. Nostalgia for the past? Very much so. But the visitors also come out of respect for the town's cultural heritage, as reflected in the careful preservation of a humble fisherman's house with its original apple-blossom pink panelling.

Le port de pêche de Volendam est situé au nord d'Amsterdam et fait face au ancien Zuiderzee. Etrangement, ce sont les tou-ristes venus du monde entier qui l'ont préservé: ils viennent en grand nombre s'imprégner de son ambiance animée, ad-mirer les costumes traditionnels et les petites maisons basses, décorées comme des maisons de poupée, et savourer les poissons succulents parmi lesquels le hareng cru et l'anguille fumée ont une place d'honneur. En se promenant dans les rues étroites et sur le port qui grouille d'une activité fiévreuse, les curieux se laissent bercer doucement au rythme d'une foule qui s'empresse autour des étaux du marché et qui guette l'arrivée des bateaux et de leurs filets gonflés par des masses scintillantes de poissons argentés. Ils désignent du doigt les rares habitants en costume traditionnel, accoutrés d'un bonnet et d'un pantalon bouffant en grosse laine noire ou d'une coiffe en dentelle plissée et d'un «collier de chien» en corail rouge orné d'un lourd fermoir en or. Nostalgie du passé? Certes. Mais aussi: un respect profond pour le patrimoine culturel qui se reflète dans la préservation jalouse d'une maison de pêcheur aux lambris «rouge fleur de pommier» où flotte tou-jours le parfum d'antan.

De Afra Maria is terug-gekeerd naar de haven en een van de reigers wacht ongeduldig op zijn deel van de vangst.

The Afra Maria is back in port: a heron waits for a share of her catch.

Le Afra Maria est ren-tré au port et un des hérons attend sa part avec impatience.

ancte Joseph.

LINKS: *In dit ouderwetse interieur vol religieuze afbeeldingen en beeldjes – Volendam is van oudsher katholiek –, drinkt Liesbeth Woestenburg, een echte Volendamse, geheel in haar traditionele dracht, een kopje thee.*
RECHTS: *Gerookte vissen – sprotjes en makreel – op een 17e-eeuws bord van Delfts aardewerk zullen weldra worden gefileerd. Rechts wachten botermalse gerookte palingen, een typisch Nederlandse specialiteit, op dezelfde behandeling.*

FACING PAGE: *In this old-fashioned interior, filled with religious images and statuettes (Volendam has always been a Catholic community) Liesbeth Woestenburg, an authentic Volendammer, takes tea in her traditional costume.*
RIGHT: *On a 17th-century Delft dish, smoked sprats and a smoked mackerel wait to be filleted; likewise a couple of smoked eels, a Dutch speciality.*

PAGE DE GAUCHE: *Dans cet intérieur vieillot, bourré d'images et de statuettes pieuses – Volendam a toujours été une commune catholique –, Liesbeth Woestenburg prend le thé en costume traditionnel.*
A DROITE: *Sur un plat en Delft 17e, les sprats et le maquereau fumés attendent d'être réduits en filets savoureux. A droite, des anguilles fumées – une spécialité hollandaise – subiront le même sort.*

Het interieur van de familie Snoek in de Vissersstraat is bewaard gebleven dankzij de inzet van Vereniging Oud Volendam. De meubelen, de kleur van de muren (appelbloesem), het koperwerk en de vloer bedekt met zeildoek dateren van het begin van de 19e eeuw.

Miraculously, the interior of the Snoek family (Snoek means "pike" in Dutch) was saved from demolition by the "Vereniging Oud Volendam". The furniture, the colours on the walls – called appelbloesem – the coppers, and the floor with its tarpaulin covering, all date from the beginning of the 19th century.

L'intérieur de la famille Snoek (brochet!) dans la Vissersstraat (la rue des pêcheurs!) a été sauvé de la démolition par la «Vereniging Oud Volendam». Le mobilier, les murs couleur «appelbloesem», fleur de pommier, les cuivres et le sol couvert de toile de bâche datent du début du 19e siècle.

LINKS: *"Komt allen tot Mij" – een Christusfiguur van beschilderd gips, omgeven door dito engelen en namaakbloemen, strekt de armen uit naar de gelovigen.*

LEFT: *"Komt allen tot Mij": "Come unto me (all ye who are heavy laden)": A beckoning Christ made of painted plaster, surrounded by angels and artificial flowers.*

A GAUCHE: *«Komt allen tot Mij» – Venez Tous Vers Moi – un Christ en plâtre polychrome, entouré d'anges et de fleurs artificielles, fait signe aux croyants.*

LINKERBLADZIJDE: *Men kan zich moeilijk voorstellen dat de piepkleine bedstee ooit plaats bood aan vijf personen – vader, moeder en de laatstgeborene in het alkoofje, en de twee jongste kinderen in de 'kribbe' daaronder!*
RECHTS: *Op het gewelfde ladenkastje worden de beelden van de heilige Jozef, de Heilige Maagd en Christus op het kruis door glazen stolpen beschermd tegen stof.*

FACING PAGE: *It's hard to believe this alcove once accommodated as many as five people: father, mother and youngest in the top crib, and two more offspring in the bottom one.*
RIGHT: *on a round-bellied chest of drawers, glass-covered statuettes of Joseph, Mary and Christ on the Cross.*

PAGE DE GAUCHE: *On a peine à croire que l'alcôve abritait cinq personnes – le père, la mère et le dernier né dans la partie supérieure, et deux enfant dans la «kribbe» en dessous.*
A DROITE: *Sur la commode bombée, des globes en verre protègent de la poussière les statuettes de saint Joseph, de la sainte Vierge et une Crucifixion.*

CZAAR PETERHUISJE

Noord-Holland

Op die zondag in augustus in het jaar 1697 is de zon net opgegaan wanneer de hoefsmid Gerrit Kist, een hartstochtelijk visser, op de Zaan een boot voorbij ziet varen waarin hij tot zijn niet geringe verbazing de lange gestalte herkent van zijn vroegere 'baas', Peter de Grote, tsaar van Rusland. Wanneer deze hem beveelt zijn aanwezigheid geheim te houden, niet te verraden wie hij is en hem op staande voet onderdak te bieden, ziet Kist zich gedwongen hem mee te nemen naar zijn nederige stulpje in Zaandam en aldaar de weduwe te verjagen die het achterhuis bewoont, zodat de tsaar de twee benauwde kamertjes kan betrekken waar, behalve voor de bedstee en de kachel, nog net genoeg plaats is voor een tafel en twee stoelen. Peter de Grote is incognito naar Zaandam gekomen om zich de technieken van de scheepsbouw eigen te maken en met dat doel voor ogen heeft hij zich –onder de naam Pjotr Michailov– aangemeld als timmerman op de scheepswerf van Lijns Rogge. Al na een week heeft de bevolking lucht gekregen van zijn ware identiteit en na een kort verblijf in Amsterdam keert de tsaar Holland de rug toe. Na de dood van Kist wordt het huisje, dat nu een 'museum' is geworden, zo populair dat men besluit het tijdelijk verblijf van tsaar Peter voor de toekomst te bewaren. Koning Willem III geeft het vervolgens ten geschenke aan de Romanovs en tsaar Nicolaas II laat het in 1895 door architect Salm 'inkapselen' in een protserig stenen gebouw. Sindsdien komen bezoekers uit de hele wereld zich vergapen aan het meer dan bescheiden onderkomen van degene die zich Pjotr Michailov liet noemen …

VORIGE BLADZIJDEN: *De Zaanse Schans en de windmolens, die zich als dreigende schimmen aftekenen tegen de zonsondergang.*
LINKS: *een 19e-eeuwse gravure toont Peter de Grote aan zijn werktafel.*

PREVIOUS PAGES: *a view of the Zaanse Schans, with windmills against the blue sky.*
LEFT: *a 19th-century engraving of Peter the Great at his desk.*

DOUBLE PAGE PRÉCÉDENTE: *Le Zaanse Schans et les moulins à vent dont les silhouettes se détachent en ombres chinoises sur un fond de ciel bleu.*
A GAUCHE: *Une gravure 19e représentant Pierre le Grand assis à sa table de travail.*

Het huis wordt omgeven door een 'korset' van bewerkt hout, een ingewikkelde constructie vervaardigd door Russische ambachtslieden, die ervoor zorgt dat het huis als het ware zweeft.

The entrance with its carved wooden "life-jacket", which allowed it to float on the surface in times of flooding.

L'entrée de la maison entourée du «corset» en bois sculpté qui la fait flotter à une certaine distance du sol.

On an early August morning in 1697, a blacksmith by the name of Gerrit Kist was fishing on the banks of the River Zaan. All of a sudden a boat came up, and in it he recognised the tall figure of his former overlord, Tsar Peter the Great of Russia. The Tsar announced that he needed lodgings in the vicinity, but wished his identity to remain a secret. Gerrit immediately led him to his own cabin at Zaandam, expelled the widow who occupied the back of the house and placed her two vacated rooms at the Tsar's disposal. Peter the Great had come to Holland incognito to spy out the techniques of Dutch naval construction. He took a carpenter's job at the shipyards of Lijns Rogge at Zaandam under the pseudonym of Pjotr Michajlow, but after a week the population discovered his identity and he was obliged to return to Amsterdam and quit Holland. After his death, the cabin was turned into a museum. It was subsequently given to the Romanovs by William III of the Netherlands and in 1895 Tsar Nicolas II had it embalmed in a stone building by the architect Salm. Since then it has received a steady procession of visitors from all over the planet, who come to marvel at the modest lodgings of the monarch who went by the name of Pjotr Michajlow.

In 1897 stuurde de burgemeester van Zaandam de eigenaar van het huisje – tsaar Alexander III – een aanmaning om de grondbelasting te betalen!

In 1897 the Mayor of Zaandam sent a reminder to the owner of the little house to pay his property tax.

En 1897, le maire de Zaandam envoya au propriétaire de la petite maison un «rappel à l'ordre» pour qu'il paye la taxe foncière!

Le soleil vient de se lever ce dimanche d'août de l'année 1697 lorsque le maréchal-ferrant Gerrit Kist, un fervent pêcheur, voit passer une barque sur la rivière Zaan, dans laquelle il reconnaît la haute stature de son ancien «patron», Pierre le Grand, tsar de Russie! Quand celui-ci lui ordonne de ne pas révéler son identité et de lui offrir le gîte et le couvert, Kist se voit contraint de l'amener dans son humble cabanon à Zaandam, de chasser la veuve qui occupe les pièces de l'arrière et de l'héberger dans ces deux pièces exiguës uniquement équipées d'un lit d'alcôve et d'un poêle et où il y a tout juste de la place pour une table et deux chaises. Pierre le Grand est venu en Hollande incognito pour s'emparer des techniques de construction navale. Pour ce faire, il s'est engagé comme menuisier sur le chantier naval de Lijns Rogge à Zaandam sous le pseudonyme de Pjotr Michajlow. Au bout d'une semaine, la population découvre son identité et il est obligé de s'enfuir à Amsterdam et de quitter la Hollande. Après sa mort, le cabanon devenu «musée» connaît une si grande popularité que l'on décide de préserver les quartiers du Tsar. Le roi Guillaume III des Pays-Bas l'offre aux Romanov, et le Tsar Nicolas II le fait «encapsuler» en 1895 par l'architecte Salm dans un bâtiment en pierre. Depuis, des visiteurs venus du monde entier viennent s'étonner du modeste logis de celui qui se fit nommer Pjotr Michajlow …

LINKS: *Aan deze robuuste eiken tafel kon leerling-timmerman Pjotr Michailov –hier in miniatuur en in brons afgebeeld– zijn schetsen en aantekeningen bestuderen.*
VOLGENDE BLADZIJDEN: *Jan Vermeer, Vrouw leest een brief bij het raam (c.1657). Brengt de brief vreugde of tranen? Niemand kent het geheim … Sinds bijna drie eeuwen komen bezoekers uit de hele wereld naar het nederige onderkomen van de tsaar. Sommigen hebben zelfs hun naam in de ruiten van zijn raam gekrast.*

LEFT: *On this oak refectory table, the apprentice carpenter Pjotr Michajlow studied his plans and manuscripts. The tiny bronze statue is a likeness of him.*
FOLLOWING PAGES LEFT: *Jan Vermeer, Girl Reading a Letter at an Open Window (c. 1657): Is this a love letter or a farewell note? No-one will ever know.*
FOLLOWING PAGES RIGHT: *For three centuries past, visitors have come from all over the world to Czaar Peterhuisje. Some even left their names scratched on the window panes.*

A GAUCHE: *Sur cette robuste table de réfectoire en chêne, l'apprenti menuisier Pjotr Michajlow – représenté ici par une minuscule statue en bronze – pouvait étudier ses plans et ses manuscrits.*
DOUBLE PAGE SUIVANTE A GAUCHE: *Jan Vermeer, Jeune femme lisant une lettre (vers 1657): lettre d'amour ou de rupture? Nul ne le saura jamais.*
DOUBLE PAGE SUIVANTE A DROITE: *Depuis près de trois siècles, des visiteurs du monde entier viennent se recueillir dans la modeste maison du Tsar. Certains d'entre eux ont même gravé leur nom sur les vitres de sa fenêtre.*

FACING PAGE: *The living room – which also served as a bedroom – leads through to the Tsar's study.*
RIGHT: *A wooden chair which once belonged to the Emperor stands beneath twin portraits of the Tsar and Tsarina.*

LINKERBLADZIJDE: *De huiskamer, die tegelijk als slaapkamer diende, verschaft toegang tot het werkvertrek van de tsaar.*
RECHTS: *Onder de portretten van de tsaar en de tsarina heeft men een 17e-eeuwse stoel neergezet die toebehoorde aan de tsaar.*

PAGE DE GAUCHE: *Le séjour qui sert en même temps de chambre à coucher donne accès à la pièce où le Tsar travaillait.*
A DROITE: *Sous les portraits du Tsar et de la Tsarine, on a placé une chaise en bois tourné qui a appartenu à l'Empereur de Russie.*

КИРСАНОВ

Museum Betje Wolff

Noord-Holland

Op een van de panelen van een 18e-eeuws kamerscherm is een tafereel te zien dat het dorpsleven idealiseert.

On one of the panels of an 18th-century screen, an idealised scene of village life.

Sur un des panneaux d'un paravent 18e, on aperçoit une scène idéalisée de la vie au village.

"Daar zijn mijne kaarten, printen, boeken,
K'heb daar het schoonste landgezicht
K'hoef nooit naar iets te loopen zoeken,
Waaraan ik schets, of schrijf of dicht.
K'heb al dat goetje op mijne kamer,
Daar ik mijn meeste dagen slijt…
Hier's geen vertrek mij aangenamer,
Terwijl mijn hof mijn geest verblijdt …"

In de beschrijving van haar werkkamer, bijgenaamd 'Kippenrust', onder de hanenbalken van haar huis in Midden-Beemster toonde Betje Wolff zich opgetogen over de stilte die er heerste en in dit eenvoudige domineeshuis voelde zij zich geborgen en behaaglijk. Betje Wolff was een pittige, talentvolle schrijfster, die zich heftig verzette tegen de strenge moraal van haar tijd en ook aan de zogenaamde 'goede zeden' had ze een broertje dood. In 1777, na het overlijden van haar echtgenoot, dominee Adriaan Wolff, verliet ze het huis en kort daarna sloot ze vriendschap met Agatha ('Aagje') Deken. In 1950 werd de voormalige woning van Wolff ingericht als museum en sindsien kan iedereen die het eens is met dichter Jacobus Bellamy – hij schreef: "Wolff is de azijn en Deken is de olie. Samen maakt dat een lekkere slasaus" – genieten van een zorgvuldig gereconstrueerd interieur en zich verbeelden dat Betje haar 'Kippenrust' nooit heeft verlaten.

De achterkant van het huis, vanuit de boomgaard gezien.

View of the rear of the house from the garden, which is planted with fruit trees.

La face arrière de la maison vue du verger.

"Here are my maps, my engravings, my books
Here is the loveliest view imaginable
No need to hunt for stray drawings, poems or volumes.
This is my retreat: it has everything I want
And this is where I spend my days.
No other place pleases me as well,
Nowhere else is there a garden with such power
To brighten my thoughts ..."

Describing her study – which she called "the hen house" – in the attic of her home at Middenbeemster, the writer Betje Wolff went into ecstasies over its snugness and tranquillity. A scandalous, prodigally-gifted rebel, Wolff left her home in 1777 after the death of her husband, the pastor Adriaan Wolff. Thereafter she collaborated with her fellow-writer Agatha "Aagje" Deken to produce a series of highly successful novels. In 1950, the house became a museum; and since that time those who share the view of the poet Jacobus Bellamy ("Wolff was the vinegar and Deken the oil: together they made an excellent dressing") have been able to enjoy these cunningly reconstructed interiors, and to imagine that Betje is still upstairs in her "hen house".

De sjees voor de koetspoort van het huis lijkt te wachten op de komst van de sprankelende Betje.

In front of the coach entrance, a period "sjeesje" awaits Betje's arrival.

Devant l'entrée cochère de la maison, un «sjeesje» d'époque semble attendre l'arrivée de la pétillante Betje.

«Voici mes cartes, mes gravures, mes livres.
Voici la plus belle vue que l'on puisse rêver.
Je n'ai plus besoin de chercher
mes croquis dispersés, un poème égaré, un livre.
J'ai tout ce que dont j'ai besoin dans mon repère,
car c'est là haut que je passe toutes mes journées.
Il n'y a point d'endroit qui puisse autant me plaire;
et qui soit entouré d'un jardin qui égaye mes pensées ...»

En décrivant son cabinet de travail – surnommé «Le Poulailler» – sous les combles de sa maison à Middenbeemster, l'écrivain Betje Wolff s'extasiait sur l'ambiance douillette et tranquille qui y régnait. Rebelle et scandaleuse, avec du talent à revendre, elle dénonça avec véhémence «les bonnes mœurs» et le clergé inflexible de son époque. Wolff quitta sa maison en 1777, après le décès de son époux, le pasteur Adriaan Wolff pour se lier d'amitié avec sa collègue Agatha «Aagje» Deken, avec laquelle elle écrivit des romans à grand succès. En 1950, la maison fut transformée en musée. Et depuis, tous ceux qui sont de l'avis du poète Jacobus Bellamy – «Wolff, c'est le vinaigre et Deken, l'huile. Ensemble cela fait une bonne vinaigrette», – peuvent dévorer des yeux un intérieur subtilement reconstruit et s'imaginer que Betje n'a jamais quitté son «Poulailler».

LINKS: *Jan Vermeer, Briefschrijfster met dienstbode (c.1670). Terwijl haar meesteres haastig een brief aan haar geheime liefde schrijft, staat de dienstbode gespannen op de uitkijk, geduldig wachtend op het moment dat ze het epistel, weggemoffeld in de plooien van haar schort, naar de uitverkorene zal brengen.*
RECHTS: *In 'Kippenrust' –eigenlijk een afgesloten gedeelte van de zolder waar men de was droogde– staan nog steeds de boekenkast en de lessenaar van Betje.*

FACING PAGE: *The serving girl acts as a lookout while her mistress writes a letter to her lover: Jan Vermeer, Lady Writing a Letter with her Maid (c. 1670).*
RIGHT: *In "Kipperust" – actually a partitioned-off area of the attic where the washing was hung to dry – Betje's bookcase and desk are still in their original place.*

PAGE DE GAUCHE: *En attendant que sa maîtresse termine une lettre, la servante se fait complice et veille à ce que personne ne vienne déranger ses tendres épanchements: Jan Vermeer, Dame écrivant une lettre et servante (vers 1670).*
A DROITE: *Au «Kipperust» – en réalité une partie cloisonnée du grenier où on séchait le linge –, la bibliothèque et le pupitre de Betje sont restés à la même place.*

LINKS: *In de servieskast in de keuken neemt een fleurig 18e-eeuws aardewerkservies alle plaats in.*
RECHTS: *Hoewel de vrouw van dominee Wolff nooit in deze rieten stoel heeft gezeten, is de keuken over het algemeen nog net zoals in haar tijd.*

FACING PAGE: *An 18th-century Dutch earthenware dinner service fills the kitchen dresser.*
RIGHT: *Though Pastor Wolff's wife never sat in this particular wicker chair, the kitchen is otherwise the same as it was in her time.*

PAGE DE GAUCHE: *Dans le vaisselier de la cuisine, un service en faïence 18e hollandais prend toute la place.*
A DROITE: *Bien que la femme du pasteur Wolff ne se soit jamais assise dans le siège en osier, la cuisine est à peu près la même qu'à son époque.*

Pieter de Hooch, Een moeder en kind met het hoofd op haar schoot (c.1658–1660). Het zonlicht dat naar binnen valt en een knusse slaapkamer met een uitnodigende bedstee vormen de verstilde achtergrond voor een schrijnend kinderverdriet. De moederschoot biedt troost en geborgenheid.

Pieter de Hooch, A Mother and Child, with its Head in her Lap (c. 1658–1660): Will this child look back one day on her first disappointment in love?

Pieter de Hooch, Mère et son enfant, la tête sur ses genoux (vers 1658–1660): L'enfant se souviendra-t-elle, un jour, de son premier chagrin d'amour?

Een met Delfts blauw betegelde schouw en een bedstee met karmozijnrode gordijntjes: wie zou in deze behaaglijke kamer niet de nacht willen doorbrengen?

A warm and welcoming bedroom, with a fireplace entirely faced in Delft tiles and a crimson-curtained bed-recess – what better place to spend the night?

Une cheminée habillée de carreaux de Delft et un lit d'alcôve drapé de rideaux cramoisis: qui refuserait de passer la nuit dans cette chambre chaude et accueillante?

Het oude veerhuis

Marieke Brandsma en Rob Bruil

De Betuwe

Het eenvoudige boerderijtje met rieten dak waar Rob en Marieke Bruil en hun kinderen wonen, ligt dicht tegen de dijk die de weilanden rond Varik scheidt van de rivier de Waal en die al vele eeuwen lang een bescherming vormt tegen de constante dreiging van het wassende water. Het is begrijpelijk waarom dit oude veerhuisje uit de 18e eeuw hen zo bekoorde. Rob, een antiquair en talentvolle restaurateur, en zijn vrouw waren er direct verliefd op, maar de wens om de stad te ontvluchten, zich in de natuur te vestigen en een woning te betrekken die hun fraaie verzameling meubelen en kunstvoorwerpen tot hun recht zou laten komen, speelde natuurlijk ook een heel belangrijke rol. Sinds een aantal jaren hebben ze een opmerkelijke collectie stoelen, kasten, gebruiksvoorwerpen, schilderijen en decoratieve voorwerpen aangelegd die getuigen van hun voorkeur voor oude tradities en voor handwerk dat zijn oorsprong vindt in de folklore van Nederland en ze vinden het inspirerend om het verleden te doen herleven. Het Oude Veerhuis en zijn prachtige tuin bieden dan ook een perfect decor en Rob, Marieke, Joris en Bastiaan proeven hier het volmaakte geluk.

VORIGE BLADZIJDEN: *Het Oude Veerhuis gezien vanaf de formele tuin, die door Marieke werd beplant met lavendel en Alchemilla vulgaris. Op de dijk doemt het silhouet op van de 'Dikke Toren' van Varik.*
LINKS: *Joris en Bastiaan spelen graag op de helling van de dijk.*

PRECEDING PAGES: *"Het Oude Veerhuis", seen from the formal garden (box, lavender and Alchemilla vulgaris). On the dyke, the silhouette of the "Dikke Toren" (the squat tower) of Varik.*
LEFT: *Joris and Bastiaan playing on the grassy slope of the dyke.*

DOUBLE PAGE PRÉCÉDENTE: *«Het Oude Veerhuis» vu du jardin formel planté de buis, de lavande et d'alchémille. Sur la digue, on aperçoit la silhouette du «Dikke Toren», la Grosse Tour, de Varik.*
A GAUCHE: *Joris et Bastiaan adorent jouer dans l'herbe sur le flanc de la digue.*

Rob en Marieke hebben voor het huis een oude boerentafel en antieke tuinstoelen neergezet die ze hebben opgescharreld in Frankrijk.

The old garden table and chairs in front of the house came from France.

Devant la maison, Marieke et Rob ont installé une table et des chaises de jardin anciennes dénichées en France.

Marieke Brandsma and Rob Bruil live with their children Joris and Bastiaan in a modest thatched farmhouse, huddled against the dyke which protects the fields around Varik from flooding by the River Waal. It's easy to understand how this 18th-century bridge keeper's lodge cast its spell on the Bruils. Rob, a gifted restorer and antique dealer, and his wife bought the house on impulse, but the desire to get out of town and take refuge in a country place which could contain their magnificent collection of old furniture and objects may also have had something to do with the decision. Over many years, the Bruils have accumulated a remarkable stock of chairs, wardrobes, utensils, paintings and decorative objects that reflects their love of traditional skills and Dutch folklore. And because they can't resist recreating the past in some measure, "Het Oude Veerhuis" and its ravishing garden offer a mirror image of a real period décor.

La modeste fermette au toit de chaume où habitent Marieke Brandsma et Rob Bruil et leurs enfants Joris et Bastiaan est blottie contre la digue qui sépare les champs s'étendant autour de Varik de la rivière Waal toujours menacée de crue. On comprend aisément pourquoi ils ont été séduits par cet ancien gîte de pontier construit au 18e siècle. Rob, un antiquaire et restaurateur de grand talent, et sa femme ont acheté la maison sur un coup de foudre, mais le désir de fuir la ville, de se réfugier en pleine campagne et de vivre dans une demeure qui ferait ressortir à merveille leur belle collection de meubles et d'objets anciens, a joué aussi un rôle très important. Depuis de longues années, les Bruil ont amassé un ensemble remarquable de sièges, d'armoires, d'ustensiles divers, de tableaux et d'objets d'art qui reflètent leur goût pour les anciennes traditions et pour un artisanat puisant son inspiration dans le folklore des Pays-Bas. Comme ils ne peuvent s'empêcher de recréer le passé, «Het Oude Veerhuis» et son ravissant jardin offrent l'image parfaite d'un décor d'époque.

De familie geniet op het terras van een kop thee en doet zich te goed aan de aardbeien.

The family meets on the terrace for a cup of tea and an orgy of strawberries.

La famille s'est réunie sur la terrasse pour prendre le thé et savourer des fraises.

LINKERBLADZIJDE: *Voor de deur die toegang geeft tot de trap die naar de slaapkamers leidt, trekken een 18e-eeuws houten manegepaard en een hutkoffer uit hetzelfde tijdperk alle aandacht.*
BOVEN: *In de woonkamer heeft Rob Bruil een nieuwe vloer gelegd van antieke kaasplanken.*
RECHTS: *Een rustieke stoel afkomstig uit Wales, een 'stick-chair', heeft een ideale plaats gekregen naast een buffet uit Huizen dat werd versierd met een 'trompe l'oeil' van houtverf.*

FACING PAGE: *near the door leading to the bedrooms, a wooden horse from an 18th-century merry-go-round, and a ship's chest from the same period.*
ABOVE: *In the drawing room, Rob Bruil has laid floorboards made of old planks once used for stacking Dutch cheeses.*
RIGHT: *a Welsh stick chair neatly positioned beside a faux-bois sideboard from Huizen.*

PAGE DE GAUCHE: *Près de la porte qui mène vers les chambres à coucher, un cheval de manège 18ᵉ en bois sculpté et une malle de cabine de la même époque attirent le regard.*
CI-DESSUS: *Dans le séjour, Rob Bruil a posé un plancher composé d'anciens rayons en bois qui servaient jadis à entreposer des fromages.*
A DROITE: *Une «stick chair», une chaise rustique provenant du Pays de Galles, a trouvé sa place à côté d'un buffet en faux bois originaire de Huizen.*

BOVEN: *Een paar 18e-eeuwse horren beschermden de Bruils tegen ongewenste nieuwsgierige blikken.*
RECHTS: *In de keuken neemt een spinde, een 19e-eeuwse houten beschilderde kast uit Staphorst (Overijssel) een belangrijke plaats in.*
RECHTERBLADZIJDE: *De keuken kenmerkt zich door een authentieke sfeer en de Bruils vonden het leuk om dit vertrek te versieren met oud keukengerei en 19e-eeuwse beschilderde voorraadblikken.*

ABOVE: *A pair of 18th-century carved wooden screens protect the Bruils from the prying eyes of passers-by.*
RIGHT: *in the kitchen, a "spinde" – a 19th-century painted wooden cupboard – from the village of Staphorst (province of Overijssel) – takes a place of honour.*
FACING PAGE: *The kitchen is entirely authentic: The Bruils had fun decorating it with old utensils and 19th-century painted food tins.*

CI-DESSUS: *Une paire de moustiquaires 18e, au cadre en bois sculpté, protègent les Bruil des regards indiscrets des rares passants.*
A DROITE: *Dans la cuisine, une «spinde» – une armoire en bois peint 19e provenant du village de Staphorst (province d'Overijssel) – occupe une place de choix.*
PAGE DE DROITE: *La cuisine respire l'authenticité et les Bruil se sont amusés à la décorer d'ustensiles anciens et de boîtes à provisions 19e en tôle peinte.*

Arno Verhoeven en Jaap Eckhardt

Friesland

Toen ze hun fraaie huis in het zuiden van Nederland verruilden voor een bouwvallige boerderij in Friesland, stortten de antiquairs Arno Verhoeven en Jaap Eckhardt zich in een hachelijk avontuur. Hun beste vrienden vroegen zich af waarom ze in hemelsnaam besloten hadden zich te begraven in een anoniem dorp met de bizarre en bijna niet uit te spreken naam 'Pingjum', maar Arno en Jaap verklaren deze ommekeer in hun leven door hun plotselinge verliefdheid op de uitgestrekte vlakten van het noorden. Als ze echter onthullen voor welke beproevingen deze oude boerderij annex café hen stelde en ze vertellen hoe ze geworsteld hebben met foeilelijke formicaluiken en met 'seventies'-lampen, begint hun beslissing om een prachtig huis in biedermeierstijl om te ruilen voor een afgrijselijk hybride bouwwerk te lijken op een vorm van masochisme. Zonder het talent van Arno en zonder de tomeloze energie van Jaap en zeker zonder hun trefzekere decoratieve vondsten –stijlvolle lambrisering en traditionele kleuren, romantisch behang, plavuizen en faux-marbre uit grootmoeders tijd– zou het avontuur zijn ontaard in een formidabele ramp. Dankzij hun scherpzinnigheid en volharding is het dorpje Pingjum, in de zuidwestelijke hoek van Friesland, voorgoed aan de vergetelheid onttrokken.

Het helderrode binnenwerk van de kast past uitstekend bij de gestreepte doorgestikte stof waarmee de empire-canapé werd bekleed.

The bright red interior of the wardrobe goes perfectly with the striped mattress ticking which covers the Empire sofa.

L'intérieur rouge vif de l'armoire se marie parfaitement avec le tissu à matelas rayé qui recouvre le canapé Empire.

De bergkast met zijn kobaltblauwe buitenkant herbergt een verzameling antieke poppen.

The built-in cupboard, painted cobalt blue on the inside, contains a collection of old dolls.

L'armoire encastrée, peinte en bleu cobalt, accueille une collection de poupées anciennes.

When they exchanged their house in southern Holland for a large dilapidated farm in Friesland, the antique dealers Arno Verhoeven and Jaap Eckhardt launched themselves into a quixotic adventure. Their friends wondered why on earth they had decided to bury themselves in this unpronounceable place called Pingjum. Today Arno and Jaap explain their conduct by describing how smitten they were from the first moment they laid eyes on the wide northern plains. But when they reveal their trials with the former café annexe they now call home, and tell of their battles with plywood partitions and lamps and colours in the worst 1970s taste, their reasons for leaving a beautiful Biedermeier house for an architectural horror seem tantamount to masochism. Had it not been for Arno's talent, Jaap's hard work, and the decorative finds they made between them – such as period panelling, "faux-marbre", traditional colours, flagstones on the floors, trompe- l'œil wallpaper designs and locally-made mattress ticking – the adventure would surely have turned disastrous. As it is, thanks to their perseverance the village of Pingjum in remotest Friesland has been saved from oblivion.

En quittant leur maison située dans le sud de la Hollande pour une grande ferme délabrée en Frise, les antiquaires Arno Verhoeven et Jaap Eckhardt se sont lancés dans une aventure rocambolesque. Leurs amis intimes se sont demandés pourquoi ils avaient décidé d'aller s'enterrer dans ce trou perdu au nom bizarre et pratiquement imprononçable de Pingjum. Aujourd'hui Arno et Jaap s'expliquent sur cette volte-face étonnante en décrivant leur coup de foudre pour les vastes plaines du Nord. Mais quand ils dévoilent leurs tribulations avec cette ancienne ferme-café et qu'ils racontent leur bras de fer avec des cloisons en contre-plaqué et avec des luminaires et des coloris dans le plus mauvais goût «seventies», leur décision de quitter une très belle maison Biedermeier pour une horreur architecturale, rassemble a du masochisme … Sans le talent d'Arno et sans «l'huile de coude» de Jaap et surtout sans leurs trouvailles décoratives: lambris d'époque, faux-marbres, coloris traditionnels, papiers peints en trompe-l'œil, sols dallés et tissus à matelas typiques de la région, l'aventure aurait pu tourner au désastre. Grâce à leur perspicacité et à leur persévérance, le village de Pingjum, au fin fond de la Frise, a été tiré de l'oubli.

Een fragment van een oud gipsen masker aan de zwarte omheining van de tuin trekt de aandacht.

On the black fence surrounding the garden, a fragment of a plaster mask creates an intriguing detail.

Sur la clôture noire qui entoure le jardin, un fragment de masque en plâtre ancien attise la curiosité.

BOVEN: *Beschilderde lambriseringen in empirestijl, een paar Louis XVI-deuren met kunstig houtsnijwerk en een schouw die werd bekleed met 'witjes'.*
RECHTS: *Een 19e-eeuwse porseleinen vaas uit de ateliers van Sèvres.*
RECHTERBLADZIJDE: *Arno heeft de 18e-eeuwse Duitse kast bewerkt met een lichtblauwe 'glacis' en de binnenkant geraniumrood geschilderd. De empiremeubelen werden door Jaap en Arno gevonden in een kasteel in Duitsland.*

ABOVE: *The décor of the salon is composed of elements of painted Empire panelling, with two carved Louis-Seize doors (Dutch) and a large number of Delft tiles called "witjes".*
RIGHT: *A 19th-century Sèvres vase is set off by the gray panelling behind.*
FACING PAGE: *Arno covered this 18th-century German wardrobe with a blue wash, and painted the inside in his favourite geranium red. The Empire furniture was salvaged from a castle.*

CI-DESSUS: *Le salon: des éléments de boiserie peintes d'époque Empire, une paire de portes sculptées hollandaises d'époque Louis Seize et de nombreux carreaux en Delft blanc, les «witjes», composent le décor.*
A DROITE: *Un vase en Sèvres 19e se détache sur un fond de lambris.*
PAGE DE DROITE: *Arno a recouvert l'armoire allemande 18e d'un lavis bleu et a peint l'intérieur avec son rouge géranium préféré. Le mobilier Empire a été déniché dans un château.*

LINKS: *Pieter de Hooch, Een man die een brief voorleest aan een vrouw (c.1670–1674). De jonge vrouw luistert aandachtig naar de boodschapper van Amor die haar gloedvol de poëtische ontboezemingen van haar verre geliefde voorleest.*

RECHTERBLADZIJDE: *Arno verfde de kasten en de Schoorsteenkap knalblauw, betegelde de wand met witjes en legde een nieuwe vloer van witte plavuizen. De geëmailleerde keukenspulletjes uit grootmoeders tijd vormen een spannend contrast.*

LEFT: *the unexpected arrival of a love letter: Pieter de Hooch, A Man Reading a Letter to a Woman (c. 1670–1674).*

FACING PAGE: *The colours in the kitchen are blue and white, with early 20th-century metal utensils, cupboards and stove hood painted by Arno, walls covered with "witjes", and a white-tiled floor.*

A GAUCHE: *rien de plus doux pour une jeune femme éprise que la visite inattendue d'un messager d'amour: Pieter de Hooch, Homme lisant une lettre à une femme (vers 1670–1674).*

PAGE DE DROITE: *Dans la cuisine, la palette est bleue et blanche: ustensiles de cuisine en métal émaillé début 20e, placards et hotte de cheminée peints par Arno, murs revêtus de «witjes» et carreaux blancs sur le sol.*

Delagradère

Bella en Hans Hesseling

Noord-Holland

"Belemmering maakt creatief", zei wijlen Jean Cocteau en men kan zich afvragen of deze uitspraak ten grondslag ligt aan de manier waarop binnenhuisarchitect Hans Hesseling zijn woning heeft ingericht. Hans en zijn vrouw Bella wonen in een bijzonder huis in West-Friesland, omgeven door een schitterende tuin en uitgestrekte weiden. Eenmaal voorbij het monumentale hek krijgt men de indruk dat men een wereld binnenstapt die bijna geheel gewijd is aan optisch bedrog. Hesseling zal de eerste zijn om te bekennen dat zijn 'manoir' niets anders is dan een driedimensionale trompe-l'œil, want niets in deze enclave is wat het lijkt en alles werd door Hesseling met kunst en vliegwerk gemaakt: het mooie patriciërshuis in zuiver 18e-eeuwse stijl, het interieur met zijn karakteristieke lambriseringen, het leeuwendeel van de meubelen, de decoratieve voorwerpen en zelfs de koraalrode betonnen rocaille halbank, die een belangrijke plaats inneemt in het perk met de gesnoeide buxus. Wat? Draagt de bedstee die op een schilderij van Pieter de Hooch niet zou misstaan, ook zijn signatuur? Heeft híj die '18e-eeuwse' kroonluchter gefabriceerd van karton, plastic en antieke kristallen pegels? Hesseling geniet van de verwarring van zijn toehoorders en herhaalt dat alles berust op een paar goede ideeën, aangevuld met zijn favoriete motto 'ubi bene, ibi patria' –waar men zich goed voelt, is het vaderland– en dat hij aan Cicero heeft ontleend.

Bij Hesseling is bijna alles illusie, getruige de barokke, koraalrode tuinbank, die werd vervaardigd van beton.

For Hesseling, illusion is the norm – even his red-orange baroque garden bench is made of concrete.

Pour Hesseling, tout est illusion, et le banc de jardin aux formes baroques, couleur rouge orange, est en béton.

Wie zou kunnen vermoeden dat 'Delagradère' niet ouder is dan een kwart eeuw?

Who would imagine that "Delagradère" is barely 25 years old?

Qui pourrait soupçonner que «Delagradère» a à peine plus d'un quart de siècle?

Jean Cocteau used to say that difficulty stimulates creativity and we wonder if this maxim applies especially to the decorator Hans Hesseling. Hans and his wife Bella live in a remarkable house surrounded by a beautiful garden and the broad fields of eastern Friesland. When you pass through the monumental gate you enter a domain which is dedicated to the art of optical illusion, and Hesseling himself admits that his house is no more than a three-dimensional *trompe-l'œil*, one that he has constructed entirely with his own hands. This is quite an achievement, given that the building seems to be pure 18th-century Dutch. Yet everything here, including the panelling, most of the furniture and objects, and the "rocaille" bench, coral-hued but made of concrete, which overlooks the box *parterre*, is authentically fake. Hans is also the creator of the box-bed, which seems straight out of a painting by Pieter de Hooch. But did he really make the 18th-century chandelier out of cardboard, glass pendants and bits of plastic pipe? Ask him and he grins. Yes, he began with a few pieces of wood and some original ideas – as original in their way as the name of the house, Delagradère, and his motto "Ubi bene, ibi patria": "Wherever I am happy, there my country is."

Hans Hesseling heeft zich teruggetrokken in de bedstee en tussen de damasten goudgele gordijnen doet hij zijn best om op het personnage op een schilderij van Gerard Dou te lijken.

In his bed with its sunflower-yellow damask hangings, Hans Hesseling does his best to look like a character out of an old painting.

Dans son lit-alcôve aux rideaux en soie damassée jaune tournesol, Hans Hesseling fait de son mieux pour ressembler à un personnage de tableau ancien.

Jean Cocteau disait: «C'est l'empêchement qui fait créer», et on se demande si cette idée sous-tend la démarche du décorateur Hans Hesseling. Hans et son épouse Bella habitent une maison exceptionnelle entourée d'un très beau jardin et de vastes prairies dans la Frise de l'est. En poussant la grille monumentale, on a l'impression d'entrer dans un domaine voué à l'art de la tricherie visuelle. Hesseling est le premier à avouer que sa demeure n'est rien d'autre qu'un trompe-l'œil en trois dimensions et qu'il a tout réalisé de ses propres mains: la jolie maison dans le plus pur style 18e hollandais, les intérieurs tapissés de lambris, la plus grande partie des meubles et des objets et même le banc «rocaille» couleur corail en béton qui domine le parterre en buis taillé devant la maison. Comment? Est-il aussi responsable du lit armoire qui aurait pu figurer sur un tableau de Pieter de Hooch? A-t-il vraiment fabriqué le lustre «18e» avec du carton, des pampilles de verre et des fragments de tuyau en plastique? Hesseling se délecte de l'incrédulité de ses visiteurs et répète qu'il n'a eu recours qu'à «quelques bouts de bois et des idées originales». Aussi originales d'ailleurs que sa devise «Ubi bene, ibi patria» empruntée à Cicéron – «Où l'on est bien, là est la patrie».

BOVEN: *In de voorkamer heerst een volmaakte symmetrie: door de aanwezighied van 18e-eeuwse lambriseringen, kasten en deuren met gewelfde bovenlijsten en wanden die zijn geschilderd in tere pasteltinten. Alles is bedacht én uitgevoerd door de heer des huizes. Ook de vitrinekast waarin zijn favoriete servies is uitgestald, werd door hem gebouwd.*
RECHTS: *Hans heeft een fraaie Louis XVI-hoekkast voorzien van heldere pasteltinten en het binnenwerk helderrood geschilderd.*

RECHTERBLADZIJDE: *In de achterkamer is alles spiksplinternieuw: de lambrisering, de schouw met zijn geschilderde versieringen, de gietijzeren kachel, de stoel en zelfs de twee Delftse vazen.*

ABOVE: *Perfect symmetry predominates in the main living room: 18th-century style panels, glass-fronted cupboards, and period pastel colours.*
RIGHT: *a fine Louis-Seize corner cupboard, painted on the outside in pastel tones and on the inside a bright red.*

FACING PAGE: *In the antechamber, everything is brand new: the faded pink and red panels, the painted decoration on the fireplace, the stove, the chair and even the pair of Delft vases on the chimneypiece.*

CI-DESSUS: *Dans le grand salon règne une symétrie parfaite – lambris façon 18ᵉ, vitrines et portes au sommet chantourné et couleurs pastel d'époque.*
A DROITE: *Hans a peint une belle encoignure d'époque Louis Seize dans des tons pastel et badigeonné l'intérieur de rouge vif.*

PAGE DE DROITE: *Dans l'antichambre tout est neuf: les lambris rose et rouge fané, la décoration peinte de la cheminée, le poêle, la chaise et même la paire de potiches en Delft sur la tablette de l'âtre!*

THERMOCET

Het oude weeshuis

Yvonne en Edgar van den Abbeelen

Noord-Holland

Het 17e-eeuwse weeshuis waarin Yvonne van den Abbeelen woont, lijkt als twee druppels water op een schilderij van Pieter de Hooch, want dit fraaie bouwwerk, dat in 1633 werd opgetrokken uit rode baksteen, heeft anno 2000 nog niets ingeboet van zijn authentieke karakter. Het oude weeshuis bestaat uit een aantal gebouwen, die zijn opgesteld rond een bescheiden binnenplaats. Yvonne, een spontane, goedlachse jonge vrouw, bekent spontaan dat ze aanvankelijk een patriciërshuis zocht waarin ze haar woning en antiekzaak zou kunnen vestigen, maar toen ze deze doolhof van eeuwenoude vertrekken bezocht, was ze zoals ze zelf zegt "verloren". Geholpen door haar echtgenoot en haar zoon en bijgestaan door Hotze Mul, "een zeer getalenteerde timmerman", ging ze het bouwvallige weeshuis te lijf en in een korte tijd slaagde ze erin de chaos te bedwingen en het pand om te toveren in een lieflijk geheel. Omdat ze het hart op de tong heeft, geeft ze grif toe dat het een gigantische klus was en dat er vaak moest worden geïmproviseerd. En met veel gevoel voor humor vertelt ze hoe ze stad en land afreisde om balken, planken, oude deuren en antieke meubelen te vinden die volmaakt in het interieur zouden passen. Ze mag in elk geval trots zijn op het resultaat en zich met recht gelukkig voelen in deze gastvrije woning, die ze met vereende kracht heeft opgebouwd en met haar unieke vondsten heeft verrijkt.

Het is herfst: voor de deur die toegang geeft tot het hofje stapelen zich dorre bladeren op.

Autumn leaves by the French windows overlooking the courtyard.

C'est l'automne et les feuilles mortes entrent par la porte-fenêtre donnant sur la cour.

Yvonne is dol op geweien, waar ze met de haar kenmerkende schalksheid mee omspringt.

Yvonne, mischievous as ever, has a special fondness for stags' horns.

Yvonne adore les bois de cerf et elle les manipule avec son espièglerie habituelle.

Even in the 17th century, this charming red brick orphanage must already have resembled a painting by Pieter de Hooch. Constructed in 1633, it consists of several buildings around a modest inner courtyard and is occupied today by the antique dealer Yvonne Bijvoet van den Abbeelen and her husband Edgar. Yvonne, a cheerful, spontaneous young woman, was actively searching for a large townhouse where she could have a shop and raise a family. But when she saw the orphanage's labyrinth of crumbling rooms she was completely smitten. Helped by her husband and son and seconded by a gifted carpenter, Hotze Mul, she grappled with the ruined orphanage and succeeded in transforming its original chaos into a house of great charm. Yvonne wears her heart on her sleeve; she admits to combing the Netherlands in search of the beams, floorboards, old doors and furniture, which would eventually lend total authenticity to her décor. And she has a right to be proud of the result, and to feel happy in this warm and welcoming place, rebuilt with her own hands and filled with her own discoveries.

Au 17e siècle, le vieil orphelinat qu'occupent aujourd'hui l'antiquaire Yvonne Bijvoet van den Abbeelen et son mari Edgar, ressemblait sans aucun doute à un tableau de Pieter de Hooch. De nos jours, cette charmante bâtisse en briques rouges, érigée en 1633, et qui est composée de plusieurs bâtiments autour d'une modeste cour intérieure, n'a rien perdu de son caractère pittoresque. Yvonne, une jeune femme rieuse et spontanée, était partie à l'époque à la recherche d'une grande maison bourgeoise où elle pourrait à la fois tenir boutique et installer sa famille, mais c'est en visitant ce labyrinthe de pièces vétustes, qu'elle fut prise d'un coup de foudre. Assistée par son mari et par son fils et secondée par celui qu'elle appelle «un menuisier de grand talent», le fidèle Hotze Mul, elle s'attaqua à son orphelinat en ruine et réussit à transformer cet ensemble chaotique en une maison pleine de charme. Comme elle a le cœur sur la langue, elle avoue volontiers ses multiples «bricolages» et ses folles randonnées à travers le pays pour trouver les poutres, les planchers, les vieilles portes et le mobilier qui allaient contribuer à l'authenticité du décor. Elle a tout à fait raison d'être fière du résultat et de se sentir heureuse dans cette demeure hospitalière qu'elle a reconstruite de ses propres mains et où s'amoncellent ses trouvailles.

In het hofje gaan de oude muren schuil onder de trossen blauweregen.

In the courtyard, the old walls are almost entirely obscured by wistaria.

Dans la cour, les vieux murs disparaissent sous une glycine envahissante.

Jan Vermeer, Het wijnglas (c.1658–1660). Muziek en zang vulden dit rijkelijk aangeklede vertrek en nu is het hoog tijd voor een glas tintelende rijnwijn en voor de onafwendbare liefdesverklaring!

ABOVE: *Jan Vermeer, The Glass of Wine (c. 1658–1660): The visitor brings music – and a glass of delicious sparkling wine.*

CI-DESSUS: *Jan Vermeer, Le verre de vin (vers 1658–1660): Il est venu pour lui jouer de la musique et lui faire goûter un vin du Rhin pétillant.*

Het licht dat door het raam naar buiten valt, streelt een 19e-eeuwse leunstoel, bekleed met antieke stof, en een stuk goudleder dat door Yvonne werd ingelijst. Het geheel herinnert aan een compositie van Vermeer.

FACING PAGE: *A light reminiscent of Vermeer floods across the 19th-century armchair with its antique fabric. The "painting" on the wall is in reality a fragment of Cordoba leather stuck in a frame.*

PAGE DE DROITE: *Une lumière à la Vermeer inonde un fauteuil 19e revêtu d'un tissu ancien. Le «tableau» au mur n'est autre qu'un fragment de cuir de Cordoue encadré.*

LINKS: *Wat is er romantischer dan in een bed uit grootmoeders tijd, toegedekt met oude kasjmier, wakker te worden onder een balkenplafond en een hertengewei en met hutkoffers om je heen die verhalen van verre reizen?*

RECHTERBLADZIJDE: *Yvonne is een hartstochtelijk verzamelaarster van kledingstukken en accessoires 'uit grootmoeders tijd', die ze in deze antieke linnenkast keurig op stapeltjes heeft gelegd.*

LEFT: *To sleep under paisley patterned covers, in a room with a beamed ceiling, a rack of stag's antlers and piles of travelling trunks that make you dream of exotic lands – what could be more romantic?*

FACING PAGE: *Yvonne's special passion: a perfectly sorted linen cupboard, filled with her collection of period smocks and accessories.*

A GAUCHE: *Quoi de plus romantique que de dormir sous les poutres, dans un lit de grand-mère couvert de cachemires anciens et de se réveiller sous un grand bois de cerf, entouré de malles qui nous parlent de voyages dans des pays lointains?*

PAGE DE DROITE: *la passion d'Yvonne: une armoire à linge impeccablement rangée, dans laquelle s'empilent les blouses et accessoires d'époque qu'elle collectionne.*

Bergerac

Jan des Bouvrie

Noord-Holland

Toen hij nog een jochie was en een korte broek droeg, maakte de goeroe van het Nederlandse design, Jan des Bouvrie, vaak een fietstochtje om in het gras tegenover het huis van zijn dromen te gaan zitten mediteren en hij zwoer dat Villa Bergerac eens zijn eigendom zou zijn. Des Bouvries ouders waren pioniers op het gebied van het eigentijdse wonen en in hun winkel in Bussum verkochten ze meubelen, lampen en accessoires, die zich onderscheiden door hun bijzondere vormgeving en die Jan dermate inspireerden dat hij een van de belangrijkste naoorlogse binnenhuisarchitecten werd. Nederland kan de verschijning van Des Bouvrie wel dromen –pretogen en het onafscheidelijke vlinderstrikje– en de meesten onder ons weten ook dat hij de ontwerper is van de befaamde kubusbank en dat hij de bedenker is van het 'nieuwe wonen', waarin licht en comfort centraal staan. De droom van Jan is al jaren geleden in vervulling gegaan en in de Villa Bergerac, die nu door hem wordt gekoesterd als een zeldzame schat, heeft hij zijn gewaagdste ideeën vormgegeven. Met de hulp van zijn vrouw Monique heeft hij de klassieke villa, die in 1911 werd gebouwd door architect Boissevain, en ook het park in Engelse landschapsstijl, dat zich rondom het huis uitstrekt, steeds verfijnd en opnieuw verfraaid. En omdat het contrast tussen 'gisteren' en 'vandaag' hem fascineert, durft hij het aan om werk van Warhol te combineren met barokke Italiaanse consoles, is hij radicaal genoeg om een picassovaas naast een rocaillespiegel te plaatsen en stoelen die zijn signatuur dragen onder een 18e-eeuwse Zweedse kroonluchter te plaatsen.

LINKS: *De embrasses versierd met de leeuwenkoppen werden ontworpen door de heer des huizes, die onder het sterrenbeeld van de leeuw is geboren.*
BOVEN: *Een bronzen leeuw houdt de wacht op het bordes.*

LEFT: *The curtain loops in the shape of lions' heads were made by Jan des Bouvrie, born under the sign of Leo.*
ABOVE: *A bronze lion stands guard on the terrace.*

A GAUCHE : *Les embrasses en forme de tête de lion sont une création du maître de maison, né sous le signe du roi des animaux.*
CI-DESSUS : *Un lion en bronze monte la garde sur le perron.*

In de hal combineerde Boissevain gotische elementen met een architectuur die reeds de sobere vormgeving van de jaren '30 aankondigde. Jan heeft alles wit geschilderd. Hoe kan het ook anders?

In the front doorway are shapes that already suggest the pared-down architecture of the 1930s, along with more Gothic elements.

Dans l'entrée, des formes qui annoncent déjà l'architecture dépouillée des années 1930 se marient avec des éléments gothiques.

As a boy, Jan des Bouvrie, who is now the guru of Dutch design, often bicycled over from his home to gaze at a certain magnificent house. At the time he swore to himself that one day he would own the "Villa Bergerac", built in 1911 by the architect Boissevain. Des Bouvrie's own parents were fascinated by 20th-century design and traded in "avantgarde" furniture, lamps and accessories in their modest shop at Bussum, south of Amsterdam, so it's little wonder that their son later became one of the most important post-war influences in the field. Apart from his physical presence – curly hair, laughing eyes and bow tie – the Dutch know and acknowledge him as the creator of the famous "Kubus" sofa, and for having given new shapes to their interiors. Jan's childhood dream came true some time ago, and he has used his treasured Villa to try out some of his more daring decorative ideas. Helped by his wife Monique, des Bouvrie is constantly refining the classical architecture of the house. He is fascinated by juxtapositions of past and present, with the result that at Bergerac you will find works by Andy Warhol paired with baroque consoles, Picasso jostling with a rocaille mirror, and an authentic Gustavian chandelier hovering over clusters of chairs made in the year 2000.

Een stenen Apollo ligt verborgen achter een haag die in de vorm van een vierkante boog is gesnoeid.

A stone Apollo hides behind a box-hedge archway.

Un Apollon en pierre se cache derrière une haie en buis taillé auquel on a donné la forme d'une arche carrée.

Quand il portait encore des culottes courtes, le «gourou» du design hollandais, Jan des Bouvrie, faisait souvent un tour à bicyclette pour aller s'asseoir dans l'herbe face à une splendide résidence, et il se jurait qu'un jour la «Villa Bergerac» lui appartiendrait. Ses parents étaient passionnés par le design du 20e siècle et vendaient des meubles, des lampes et des accessoires d'avant-garde dans leur modeste magasin à Bussum, au sud d'Amsterdam. Jan devint l'un des designers les plus importants de l'après-guerre et, mis à part sa présence physique – cheveux bouclés, yeux rieurs et nœud papillon –, les Hollandais le connaissent – et lui en sont reconnaissants – pour avoir créé le célèbre canapé «Kubus» et avoir donné une forme nouvelle à tout ce qui touche à leur maison, leur intérieur et leur confort. Le rêve d'enfant de Jan s'est réalisé depuis longtemps et, dans ce Bergerac qu'il couve comme un trésor rare, il a pu réaliser ses idées décoratives les plus audacieuses. Secondé par sa femme Monique, des Bouvrie n'arrête pas de peaufiner cette architecture classique, construite en 1911 par Boissevain, et le vaste parc à l'anglaise qui l'entoure. Comme il jure par le contraste fascinant entre «hier» et «aujourd'hui», les consoles baroques se marient avec Warhol, Picasso avec un miroir rocaille et un lustre gustavien avec des sièges de la fin du 20e siècle.

BOVEN: *Des Bouvrie schroomt niet om een serie portretten van beroemde 'stars' door Christopher Makos, boven een paar barokke vergulde consoles te hangen en ook de spiraalvormige bank van Edra een ereplaats te geven.*

RECHTS: *Het late zonlicht strijkt over een met oranje stof beklede fauteuil. Het schilderij is van de hand van Berend Hoekstra.*

RECHTERBLADZIJDE: *Jantje, de zoon van de Bouvrietjes, in een 'Oudhollandse' kinderstoel.*

ABOVE: *Without a qualm, Jan des Bouvrie has juxtaposed a pair of baroque gilded pier-tables with portraits of "stars" by Christopher Makos and a spiral sofa by Edra.*

RIGHT: *A late ray of sunshine lingers on an armchair covered with an orange fabric. The painting is by Berend Hoekstra.*

FACING PAGE: *Jantje, Jan des Bouvrie's son, attends to the chocolate biscuits. The high chair is a comical parody of the traditional Dutch style.*

CI-DESSUS: *Des Bouvrie n'hésite pas à marier une paire de consoles dorées baroques avec des portraits de «stars» signés Christopher Makos et à donner une place de choix au canapé-spirale d'Edra.*

A DROITE: *Un rayon de soleil tardif s'attarde sur un fauteuil recouvert d'un tissu orange. Le tableau est signé Berend Hoekstra.*

PAGE DE DROITE: *Le fils des Bouvrie – Jantje – se gave de biscuits au chocolat. Sa chaise haute est une parodie pleine d'humour sur le style hollandais.*

LINKS: *Het kinderledikant van rotan heeft Jan voor zijn zoontje ontworpen.*

LEFT: *Jantje's rattan bed was designed by his father.*

A GAUCHE: *Le lit-bateau en rotin tressé de Jantje est une création de son père.*

LINKERBLADZIJDE: *Jan en Monique slapen in een smetteloos wit bed –gesigneerd Jan des Bouvrie– onder een verzilverde Venetiaanse kroon uit de 18e eeuw.*
RECHTS: *Een 18e-eeuwse cherubijn weerspiegelt zich in de vergulde spiegel boven de ouderwetse badkuip. De lamp, rechts, is een creatie van Rob Eckhardt.*

FACING PAGE: *The des Bouvries sleep in a white bed with a baldachin – made by des Bouvrie himself – beneath an 18th-century silver-plated Venetian crown.*
RIGHT: *An 18th-century cherub reflected in the gilt looking glass over the old-fashioned bathtub. The lamp to the right is by Rob Eckhardt.*

PAGE DE GAUCHE: *Les maîtres de maison dorment dans un lit à baldaquin tout blanc – signé des Bouvrie – et sous une couronne vénitienne 18ᵉ en métal argenté.*
A DROITE: *Un chérubin 18ᵉ se reflète dans le miroir doré au-dessus de la baignoire à l'ancienne. Le luminaire, à droite, est une création de Rob Eckhardt.*

Hilleniussingel

Han Adriaanse

Zuid-Holland

Toen binnenhuisarchitect Han Adriaanse ruim tien jaar geleden in een dorp bij Rotterdam de helft van een vroeg 20e-eeuwse school kocht, legde hij de hand op een labyrint van uitzonderlijk grote lokalen. Daar waar ijverige leerlingen het alfabet en de tafels van vermenigvuldiging hadden opgedreund, kreeg de architect te kampen met talloze problemen, zoals een stuk of vijftig vermolmde balken, totaal vergane plankenvloeren en allerlei tussenwanden en verlaagde plafonds die gewoon rijp waren voor de sloop. Omdat Han een doorzetter is, wist hij zijn zin door te drijven en de school in recordtijd om te toveren tot een apart geheel. De stijl van deze begaafde restauratuer van historische gebouwen is moeilijk te omschrijven en zijn ideeën zijn verre van conventioneel. Hij houdt van een ongedwongen, artistieke sfeer, waarin de doorleefde voorwerpen die zijn pad kruisen een passende, prominente plaats krijgen. Hij steekt het niet onder stoelen of banken dat hij nooit iets weggooit en graag aan recycling doet; zo heeft hij lambriseringen en tussenwanden gemaakt van deuren van openbare toiletten en een wrakke stoel, roestige blikken speelgoed en brokstukken van een gipsen buste van Hermes een tweede leven gegeven. "Ik hou van de schoonheid van het verval", zegt hij. "Bovendien ben ik ervan overtuigd dat je met oude, verweerde materialen een eigentijdse sfeer kunt scheppen."

LINKS: *Een gipsen madonna kijkt naar het allegaartje in een hoek van het atelier.*
BOVEN: *Stilleven à la Adriaanse met een klamboe.*

LEFT: *A plaster Madonna contemplates the objects piled in one corner of the studio.*
ABOVE: *still life: a mosquito screen, a coat-hanger, and a book.*

A GAUCHE: *Une vierge en plâtre promène son regard songeur sur les objets hétéroclites entassés dans un coin de l'atelier.*
CI-DESSUS: *nature morte composée d'une moustiquaire, d'un cintre et d'un livre.*

Van de voorwerpen die Han heeft bijeengebracht, gaat altijd iets magisch uit.

In Han's house, any assemblage of objects tends to have a subtly magical quality.

Dans la maison de Han, l'amoncellement d'objets a toujours quelque chose de magique.

When, ten years ago, the interior architect Han Adriaanse bought half of an early 20th-century school in a village near Rotterdam, he knew he was acquiring a most unusual building of most unusual proportions. Where once the local children had cudgelled their brains over multiplication and the ABC, Adriaanse grappled with rotted beams, imploded floorboards, and partitions and false ceilings that wanted blasting. He imposed his will; and before long he had transformed the old school into a remarkable place to live. The personal style of this former restorer of historic buildings is not easily describable. Suffice it to say that he is a thoroughly unconventional interior architect, who swears by what he calls a "high Bohemian" ambience, in which old patinas and "objets trouvés" tend to predominate. Han has a special fondness for recycling things. He will happily manufacture panels and partitions from the doors of public lavatories; in his hands, a broken chair, odd bits of a plaster bust of Hermes, or an old rusty toy may expect spectacular reprieve. "The beauty I like best is the beauty of decline," says he. "What's more, I maintain that you can create a totally contemporary ambiance with things that are old as the hills."

De hoedenstandaard in de hal begon zijn carrière als pijler van een 19e-eeuwse gietijzeren balustrade.

The hat stand in the hall is actually the lower end of a 19th-century cast iron spiral staircase.

Dans l'entrée, le porte-chapeau n'est autre qu'un départ d'escalier en fonte, datant du 19e siècle.

En achetant, il y a bien dix ans de cela, la moitié d'une vieille école construite au début du 20e siècle dans un village près de Rotterdam, l'architecte d'intérieur Han Adriaanse a mis la main sur un bâtiment hors du commun et un ensemble de locaux aux proportions généreuses. A l'endroit même où des élèves appliqués ânonnaient l'alphabet et les tables de multiplication, l'architecte s'est débattu avec une multitude de problèmes, une cinquantaine de poutres complètement pourries, des planchers en état de ruine et un nombre impressionnant de cloisons et de faux plafonds à démolir. Finalement, il a réussi à imposer sa volonté et à transformer l'école en une maison exceptionnelle. Décrire le style de cet ancien restaurateur de bâtiments historiques n'est pas facile. Voilà un architecte d'intérieur aux idées peu conventionnelles et qui ne jure que par une ambiance «haute-bohème» où dominent les patines anciennes et les charmes de l'objet trouvé. Han ne se cache pas d'adorer le recyclage, il n'a pas hésité à fabriquer des lambris et des cloisons avec les portes des toilettes publiques et, chez lui, une chaise caduque, des fragments d'un buste d'Hermès en plâtre et des vieux jouets rouillés ont droit à une seconde vie … «J'adore la beauté du déclin», dit-il. «D'ailleurs, j'insiste sur le fait qu'on peut créer une ambiance contemporaine avec des matériaux anciens.»

BOVEN: *De proporties van het atelier verraden de oorspronkelijke bestemming, maar de ijverige leerlingen zijn al lang verdwenen. De plankenvloer werd bewerkt met een roestkleurige beits en de tafel bij de eethoek is in werkelijkheid een grote gietijzeren tuinvaas die een loodzwaar stenen blad torst.*
RECHTS: *'Chez Adriaanse' wordt kunst geboren uit kleine toevalligheden. Een stilleven gevormd door de brokstukken van een borstbeeld van Hermes is hiervan een treffend voorbeeld.*

RECHTERBLADZIJDE: *De plankenvloer in de hal werd beschilderd met een trompe l'œil van zwart-wit geblokte tegels. De opgezette kop van een ree domineert de gevarieerde verzameling 'objets trouvés'.*

ABOVE: *The proportions of the studio betray its past, the floorboards are covered in a reddish varnish and the table in the dining area consists of a cast-iron garden urn with a heavy stone slab on top.*
RIGHT: *another accidental work of art: fragments of a bust of Hermes.*

FACING PAGE: *The boards in the hallway have been painted like a black and white marble floor.*

CI-DESSUS: *Les proportions de l'atelier trahissent sa destination première, le plancher a été recouvert d'un vernis rougeâtre et la table du coin «salle à manger» est une urne de jardin en fonte coiffée d'un lourd plateau de pierre.*
A DROITE: *Même les petits accidents se transforment en œuvres d'art. En témoignent les fragments d'un buste d'Hermès, devenu nature morte par la force des choses.*

PAGE DE DROITE: *Le plancher du hall d'entrée a été peint à la façon d'un dallage de marbre.*

FIRTH OF FORTH
MENORCA TO MALTA
CABO FINISTERRE TO THE STRAIT OF GIBRALTAR
BRASSERIES
XL

De wanden van deze bescheiden zitkamer zijn bedekt met landkaarten. Adriaanse schilderde de plankenvloer, want zijn vindingrijkheid kent geen grenzen …

The walls of the small salon are covered with maps and the cabochons on the floor are trompe-l'œil painted directly onto the floorboards.

Les murs d'un petit salon sont couverts de mappemondes et le sol à cabochons n'est autre qu'un plancher peint en trompe-l'œil. L'esprit inventif de Han Adriaanse ne connaît pas de limites …

SLOT ZUYLEN

Belle van Zuylen

Utrecht

Originele tekst uit de brief aan Monsieur Chambrier d'Oleyres: "Het bevalt mij uitstekend achter geen enkel vaandel aan te gaan en als een vrij mens in het land der letteren te lopen. Ik verkies in dit opzicht de struikrovers boven de geregelde troepen", schreef Isabelle van Tuyll van Serooskerken in 1800 aan Monsieur d'Oleyres, met wie ze bevriend was. In deze paar zinnen gaf ze duidelijk blijk van haar opstandige aard. De vrouw die de geschiedenis in zou gaan als 'Belle van Zuylen' werd in 1740 geboren in het kasteel Zuylen, vlak bij Utrecht. Op jeugdige leeftijd liet Belle er geen twijfel over bestaan dat haar adellijke afkomst haar koud liet en dat ze weigerde zich te onderwerpen aan de wetten van het 'fatsoen'. Ze schokte haar familie en haar tijdgenoten door te kiezen voor een carrière als schrijfster, publiekelijk genegenheid te tonen voor haar 'ami de plume' Constant d'Hermenches, en ze wekte de nieuwsgierigheid van een cynicus als Voltaire en de liefde van een vrouwenverslinder als James Boswell. Haar gelaat, waarvan de schranderheid afstraalde, werd vereeuwigd door grote kunstenaars, zoals Maurice-Quentin de la Tour en Jean-Antoine Houdon, die haar vereeuwigden ten tijde van haar huwelijk met Charles de Charrière. Noch haar vertrek naar Zwitserland, het geboorteland van haar echtgenoot, noch haar tragische liefde voor Benjamin Constant kon haar het kasteel van haar jeugd doen vergeten. In het verre Colombier sleet ze de laatste jaren van haar leven, maar in slot Zuylen heeft men de vertrekken waar ze gelukkig was en waar elk voorwerp getuigt van haar sprankelende aanwezigheid, onaangeroerd gelaten.

Kenmerkend voor de spreekwoordelijke Nederlandse properheid: een emmer staat klaar onder een koperen kraan in ondiepe nis.

A classic image of proverbial Dutch cleanliness: a niche equipped with a tap and a water bucket.

Caractéristique de la propreté proverbiale des Hollandais: une niche équipée d'un robinet en cuivre et un seau.

Aan het begin van de herfst verandert de wilde wingerd die de muren van het kasteel overdekt, in een waterval van vlammend rode bladeren.

Autumn colours: a Virginia creeper blankets the walls of the castle.

L'automne est tout proche, et la vigne vierge qui couvre les murs du château se transforme en une avalanche de feuilles écarlates.

In 1800 Isabelle van Tuyll van Serooskerken wrote to her friend Monsieur d'Oleyres: "It pleases me to march under no particular banner. I go where I will in the Land of Letters; and because of this I prefer a brigand to a regular soldier, any day of the year." The words encapsulate the rebellious nature of the woman known to history as "Belle van Zuylen", who was born at Zuylen Castle near Utrecht in 1740. At an early age, Belle showed her complete indifference to convention and her noble descent, scandalising her entourage and contemporaries by embarking on a career as a writer. Later this effervescent girl – who excited the curiosity of Voltaire and the passion of James Boswell, and whose clever face was immortalised by the artists Maurice-Quentin de la Tour and Jean-Antoine Houdon – was married to Monsieur de la Charrière; but neither her departure to Switzerland, nor her destructive passion for Benjamin Constant, nor even the sadness of her last years at Colombier, where she died in 1806, could make her forget her youth in Holland or the castle of her parents. Today the rooms in the house where she was so happy are carefully preserved, to the point where every piece of furniture and every object bears the stamp of her radiant presence.

In de bijkeuken staat een pomp met de inscriptie 'geen drinkwater'.

A sign by the pantry pump reads "Water unfit to drink".

Dans l'office, l'ancienne pompe à eau porte l'inscription «eau non potable».

«Cela me plaît bien de ne suivre aucun drapeau et de marcher en toute liberté dans le Pays des Lettres. A cet égard, je préfère les brigands à la force militaire régulière», écrivait Isabelle van Tuyll van Serooskerken en 1800 à son ami Monsieur d'Oleyres. Ces quelques mots témoignent parfaitement du caractère rebelle de celle qui devait entrer dans l'histoire comme la «Belle de Zuylen» et qui naquit en 1740 au Château de Zuylen près d'Utrecht. Toute jeune déjà, Belle se montra indifférente à sa noble ascendance et aux contraintes impératives du «comme il faut». Elle scandalisa son entourage et ses contemporains en choisissant une carrière d'écrivain. Plus tard, cette jeune femme pétillante qui éveilla la curiosité de Voltaire et l'amour de James Boswell, et dont le visage rayonnant d'intelligence fut immortalisé par Maurice-Quentin de la Tour et par Jean-Antoine Houdon épousa Monsieur de Charrière. Cependant, ni son départ pour la Suisse, le pays natal de son époux, ni sa passion funeste pour Benjamin Constant et la tristesse de ses dernières années à Colombier où elle mourut en 1806 ne purent lui faire oublier sa jeunesse en Hollande et le château de ses parents. Ce même château où on conserve aujourd'hui, pieusement, ces quelques pièces où elle fut si heureuse et où chaque meuble et chaque objet témoignent de sa radieuse présence.

LINKS: *Het behang in de slaapkamer van Belle is origineel, maar in dit hemelbed heeft de 're-belse' Mademoiselle van Zuylen nooit liggen woelen.*

RECHTERBLADZIJDE: *Op de 18e-eeuwse secretaire rusten naast brieven en manuscripten van de sprankelende 'Zélide' een waaier en een medaillon met haar profiel.*

LEFT: *In Belle's former bedroom, the wallpaper is authentic but the draped daybed is a later addition.*

FACING PAGE: *on the 18th-century desk, letters and manuscripts written by Belle, with a fan and a medallion bearing her profile.*

A GAUCHE: *Dans la chambre à coucher de Belle, le papier peint est authentique mais le lit de repos couronné d'un baldaquin n'a jamais connu les nuits blanches de la «rebelle».*

PAGE DE DROITE: *Sur le secrétaire 18e reposent des lettres et des manuscrits de la pétillante «Zélide», ainsi qu'un éventail et un médaillon représentant son profil en silhouette.*

RECHTS: *Vanuit haar werkkamer had Belle een fraai uitzicht over de slotgracht en op het omringende landschap. Het 18e- eeuwse Japanse kamerscherm scheidt de werkhoek af van het gedeelte waar de vrouw des huizes haar toilet maakte.*

RIGHT: *From her study, Belle could look out, across the moat to the countryside beyond. The Japanese screen, which divides the work area from the washstand, dates from the 18th-century.*

A DROITE: *De sa chambre de travail, Belle avait une vue imprenable sur les douves du château et sur le paysage. Le paravent japonais date du 18e siècle et sépare le coin-travail du coin-toilette.*

Mademoiselle de Zuylen
Utrecht

In de met 'witjes' betegelde keuken lijkt de tijd te hebben stilgestaan en men kan bijna de geur van versgebakken brood opsnuiven en de stemmen horen van dienstmeisjes die een heerlijke, overvloedige maaltijd bereiden.

Time stands still in the kitchen, which is tiled throughout with "witjes". It's easy to imagine this room filled with cooks and servants and the scent of baking bread.

Dans la cuisine entièrement carrelée de «witjes», le temps semble s'être arrêté. Avec un peu d'imagination, on sent l'odeur du pain sortant du four et on entend la conversation animée d'une armée de servantes qui s'affairent à préparer un repas succulent.

LINKS: *Dicht bij de broodoven bevindt zich op het granieten aanrecht kleine verse broodjes, verse eieren en suiker in kegelvormige verpakking.*

FACING PAGE: *Lying on the granite worktop beside the stone oven are fresh rolls, eggs and a cone of sugar.*

PAGE DE GAUCHE: *Près du four à pain sur le plan de travail en granit, quelqu'un a posé des petits pains frais, des œufs et un cône en sucre.*

BOVEN: *Floris van Dijck, Gedekte tafel met kazen en fruit (c.1615). De tafel is gedekt voor een feestelijk maal van druiven, noten, appelen en Goudse en Leidse kaas. Straks zal ook de rijnwijn vloeien.*

ABOVE: *A delicious meal awaits the dinner-guests: Floris van Dijck, Laid Table with Cheese and Fruit (c. 1615).*

CI-DESSUS: *Un repas succulent attend les invités: Floris van Dijck, Table avec fromage et fruits (vers 1615).*

Joop van den Brink

Utrecht

Aan het eind van de 19e eeuw verschafte het huis van bibliothecaris Joop van den Brink onderdak aan het uitgebreide gezin van een tabakskweker. Later verdween de teelt van deze aromatische plant uit de streek rond Amerongen, een van die vredige dorpjes die de provincie Utrecht rijk is. Vandaag de dag deelt Joop zijn nederige woning met Gerrit, een ruim zestig jaar oude, praatzieke en gulzige papegaai. Op een stel tortelduifjes na zijn er geen andere vogels in huis, maar de talloze lege kooien in de erker, de keuken, de orangerie en de zitkamer getuigen van de voorliefde van de heer des huizes voor zijn 'gevederde vrienden'. Behalve antieke vogelkooien in alle soorten en maten verzamelt Joop alles wat hem aan de romantiek van weleer herinnert. Zijn witbetegelde keuken, die is volgestouwd met antieke meubelen en oude potten en pannen, zou met gemak het domein kunnen zijn van een schattig omaatje met zilvergrijze haren, dat met een geruit schort voor uren bezig is met het bakken van koekjes, speculaas en kaneelbeschuit! Zelfs de kleuren van het huis – fletsblauw, ossenbloedrood en lindegroen – brengen de 'voltooid verleden tijd' tot leven. In de tuin, die zich onderscheidt door perken van gesnoeide buxus, wordt de ereplaats ingenomen door een spiegelende heksenbal, die niet enkel de vogels moet afschrikken, maar alles moet weren wat het geluk en de vredige sfeer in dit huis zou kunnen verstoren.

LINKS: *De serre herbergt een groot aantal potplanten en een collectie antieke vogelkooien.*
BOVEN: *Boven de werktafel huisvest een oude kooi een stel tortelduiven.*

LEFT: *The greenhouse contains a multitude of potted plants along with a collection of antique birdcages.*
ABOVE: *a pair of doves in a cage above a work-table.*

A GAUCHE : *La serre abrite un grand nombre de plantes en pot et une collection de cages à oiseaux anciennes.*
CI-DESSUS : *Au-dessus de la table de travail, une vieille cage accueille une paire de colombes.*

In de formele tuin met perkjes van gesnoeide buxus staat een krullerige gietijzeren standaard die een glimmende heksenbal torst.

In the formal box garden, a "witch's ball" on a wrought iron mounting.

Dans le jardinet formel avec ses parterres en buis taillé, une armature en fer forgé est couronnée d'une «boule de sorcière».

Towards the close of the 19th century, the house of the librarian Joop van den Brink was home to a tobacco farmer's extensive family. Since then, the region of Amerongen – a peaceful village which is among the pearls of the province of Utrecht – has seen the gradual eclipse of tobacco as a crop, and as a result Joop shares his house with no-one but a greedy, garrulous sexagenarian parrot named Gerrit. Apart from a pair of doves, there are no other birds in the building; but in the hall, the "salon d'été", the orangery and the kitchen a host of empty cages betray Mr. van den Brink's special love for his winged friends. Apart from cages of every shape and size, Joop collects anything and everything that dates from the time of our great-grandparents. His white-tiled kitchen, jammed with old furniture and utensils, looks like the lair of some adorable grandmother with snow-white hair and checked apron, who spends her every waking hour making delicious cinnamon cakes. Even the colours of the house (washed blue, "sang de boeuf", lime green) speak softly of the past, while in the garden with its borders and box hedges there is a glass "witch's ball" silvered with mercury, whose function is to ward off anything which might threaten the peace of Joop van den Brink.

Vers la fin du 19e siècle, la maison du bibliothécaire Joop van den Brink abritait la famille nombreuse d'un cultivateur de tabac. Depuis, la région d'Amerongen – un de ces villages si paisibles qui font la richesse de la province d'Utrecht – a vu disparaître la culture de cette plante aromatique et Joop ne partage sa modeste demeure qu'avec son perroquet Gerrit, un animal sexagénaire, bavard et gourmand. Excepté un couple de colombes, il n'y a pas d'autres oiseaux dans la maison. Toutefois, dans l'entrée, dans le salon d'été, dans l'orangerie et dans la cuisine, d'innombrables cages anciennes – vides – trahissent l'affection du maître de maison pour ses «petits amis ailés». En dehors des cages de toutes tailles, Joop collectionne aussi tout ce qui touche au bon vieux temps de nos aïeux. Sa cuisine au carrelage blanc, bourrée de meubles et d'ustensiles anciens aurait pu être le domaine d'une adorable grand-mère aux cheveux blancs et en tablier à carreaux passant des heures à confectionner de délicieux gâteaux secs à la cannelle! Même les couleurs de la maison – bleus délavés, «sang de bœuf» et vert tilleul –, nous parlent d'un «passé définitif». Dans le jardin orné de parterres en buis taillé, une boule de verre, dorée au mercure – de celles qu'on nomme «boules de sorcières» – est censée chasser tout ce qui pourrait nuire au bonheur et troubler l'ambiance paisible de la maison.

Voor het huis plantte de bewoner een paar lindebomen in spaliervorm.

Two espaliered lime trees stand in front of the house. This is a very ancient Dutch tradition.

Devant la maison se dressent les silhouettes de deux tilleuls taillés en espalier, une très vieille tradition hollandaise.

LINKS: *Pieter de Hooch, Vrouw en kind in een interieur (c.1658). Het is bijna tijd voor het middagmaal. De vloeren zijn geboend, het huis is aan de kant en de dienstbode is net teruggekeerd uit de kelder met een kruik vol sprankelende witte wijn.*

RECHTERBLADZIJDE: *De muren bij de ingang zijn bedekt met oude vogelkooien. Een daarvan is van Gerrit, een ruim zestig jaar oude, praatzieke papegaai.*

LEFT: *A serving maid comes bustling up from the cellar of a grand old house, carrying a jug of sparkling wine: Pieter de Hooch, Woman and Child in an Interior (c. 1658).*

FACING PAGE: *The walls near the entrance are covered with antique birdcages – one of which belongs to Gerrit, an extremely garrulous sexagenarian parrot.*

A GAUCHE: *Dans cette belle maison patricienne, la servante est remontée de la cave avec un pichet de vin mousseux: Pieter de Hooch, Femme et enfant dans un intérieur (vers 1658).*

PAGE DE DROITE: *Des cages à oiseaux anciennes sont suspendues dans l'entrée. Gerrit, le perroquet chargé d'ans, anime l'ambiance avec son bavardage incessant.*

Gramm
Kilo
K.K priv.

In de keuken doorbreken Delftse tegeltjes versierd met 'kinderspelen' de monotonie van de 'witjes'. Joop is bijzonder trots op zijn verzameling bakvormen van geëmailleerd aardewerk.

Delft tiles of children at play break the monotony of the "witje"-covered kitchen walls. Joop is inordinately proud of his collection of enamelled earthenware cake moulds.

Dans la cuisine, les petits carreaux en Delft représentant des «Jeux d'enfants» animent la monotonie des murs recouverts de «witjes». Joop est particulièrement fier de sa collection de moules à gâteaux en terre émaillée.

BOVEN: *Pieter de Hooch, De slaapkamer (c.1658–1660). In de beslotenheid van de slaapkamer vormt de aanwezigheid van een moeder met haar kind een charmant tafereel en het licht dat aarzelend naar binnen valt, zorgt voor een intieme sfeer.*

RECHTERBLADZIJDE: *Niets is zo romantisch en knus als een bedstee waarvan de deuren ook in de bittere winterkou de lichaamswarmte vasthouden. Net als vroeger is het matras overtrokken met een onverslijtbare gestreepte tijk.*

ABOVE: *Pieter de Hooch, The Bedroom (c. 1658–1660): The bedroom is bathed in the chiaroscuro light so typical of the Dutch masters.*

FACING PAGE: *A snug and comfortable box bed, with doors that can be closed to keep in the warmth during the icy Dutch winters. The hard-wearing striped mattress ticking belongs to a very old tradition.*

CI-DESSUS: *Pieter de Hooch, La chambre (vers 1658–1660): La chambre à coucher baigne dans un clair-obscur typiquement hollandais.*

PAGE DE DROITE: *Rien de plus romantique et de plus douillet qu'un lit d'alcôve dont les portes retiennent la chaleur du corps pendant les rudes hivers hollandais. Le tissu à matelas rayé inusable fait partie d'une vieille tradition.*

Ineke en Ed Schokker

Gelderland

De treurwilg was er al en ook de tuin, maar die bood een even desolate aanblik als de vervallen boerderij en de met de ankers versierde gevel die het bouwjaar –1849– verried. Bankier Ed Schokker en zijn vrouw Ineke stortten zich met hart en ziel op de restauratie. Ze kunnen trots zijn op het resultaat, want na ruim twee jaar van herstel ziet alles er piekfijn uit en hebben ze de boerderij en het erf in ere hersteld zonder het karakter ervan aan te tasten. Authentieke boerderijen, met een tuin vol 'boerenbloemen' en een moestuin, zoals weleer, worden steeds zeldzamer en het initiatief van de Schokkers leert ons dat men de 21e eeuw volmaakt kan integreren in een traditionele architectuur zonder nutteloze versieringen aan te brengen. De traditionele ossenbloedrood geschilderde plankenvloeren, de zonnebloemgele muren en de keukenkasten waarachter aardewerkschalen en een antiek porseleinenservies schuilgaan, gaan uitstekend samen met sobere, eigentijdse meubelen en met een onmiskenbaar 21e-eeuwse wooncultuur.

LINKS: *de ingang gaat half schuil achter de takken van een oude treurwilg.*
BOVEN: *een nestkastje dat aan een oude boom werd bevestigd, trekt elke jaar weer vogels aan.*

LEFT: *the front door, seen through a veil of weeping willow.*
ABOVE: *A nesting box on an old tree: every year, birds breed in it.*

A GAUCHE: *A travers la cascade de branches d'un vieux saule pleureur, on distingue la porte d'entrée.*
CI-DESSUS: *Un couvoir suspendu à un vieil arbre attire tous les ans un grand nombre d'oiseaux.*

Luiken en snoeivormen van buxus: de Schokkers hebben gekozen voor de al oude tradities van het platteland.

The Schokkers cleave to time-honoured country traditions, with a red brick facade, and grass "parterres" studded with clipped box.

Façade en briques rouges et pelouses ornées de buis taillés en boule: Les Schokker on opté pour les vieilles traditions campagnardes.

The weeping willow was there already, as was the overgrown garden, but otherwise the old farm had nothing of the freshness we see in it today. Indeed its only claim to fame before it was restored was an unusual facade adorned with a row of anchors proclaiming that it was built in 1849. The couple responsible for this highly successful job of resurrection are a banker, Ed Schokker, and his wife Ineke. They can pride themselves in having renovated their house from top to bottom with exceptional delicacy – and in having never lost sight of the fact that the object of their work was a particularly fine example of Dutch rural architecture. Authentic farms whose gardens have continued to serve as both vegetable patch and "jardin d'agrément" are becoming a rarity in Holland, and the example of the Schokkers teaches us that the 21st century goes very well with the spare, unadorned interiors of Holland's past. Indeed their traditional décor – floorboards painted red, walls painted sunflower yellow and glass-fronted kitchen cabinets crammed with old china and earthenware – can co-exist in total harmony with everything that belongs to modern life.

Le saule pleureur y était déjà, le jardin abandonné aussi, mais l'ancienne ferme avec sa façade ornée d'une rangée d'ancres qui révèlent l'année de sa construction – 1849 – n'avait pas encore l'aspect pimpant qu'on lui connaît aujourd'hui. Les responsables de cette restauration réussie, le banquier Ed Schokker et sa femme Ineke, se félicitent d'avoir rénové leur acquisition de fond en comble par touches délicates sans perdre de vue qu'il s'agissait ici d'un très bel exemple d'architecture rurale. Les fermes authentiques dont les jardins typiques servent depuis toujours de jardin potager et de jardin d'agrément, se font de plus en plus rares aux Pays-Bas. Et l'exemple des Schokker nous apprend aussi que le 21e siècle s'intègre parfaitement dans ces intérieurs nostalgiques dépouillés de tout ornement superflu. Leurs décors traditionnels de planchers peints couleur sang de bœuf, de murs jaune tournesol et d'armoires de cuisine vitrées où sont accumulées des faïences et des porcelaines anciennes peuvent coexister harmonieusement avec tout ce qui touche à notre mode de vie actuel.

Uit een bed hosta's rijst een struik felroze rozen op.

Bright pink roses bursting from a bed planted with hostas.

Le rose vif d'un buisson de roses émerge d'un massif de hostas.

BOVEN EN RECHTERBLADZIJDE: *De schuur, die tevens als zomerhuis, garage en bergruimte fungeert, is door Ed ontworpen en gebouwd. Ineke bergt er ook haar voorraad bloempotten en tuingereedschap in op.*
RECHTS: *Een gietijzeren deurklem kreeg de vorm van een 'Friese bonte'.*

ABOVE AND FACING PAGE: *The toolshed-garage was designed and built by Ed himself. Here Ineke stores her old terracotta pots and garden tools; she also uses it as a summer house.*
RIGHT: *a cast-iron doorstopper in the form of a fat milch cow.*

CI-DESSUS ET PAGE DE DROITE: *C'est Ed qui a dessiné et construit la grange à outils qui sert aussi de garage. Ineke y range ses vieux pots en terre cuite et ses outils de jardinage, mais la grange fait aussi office de pavillon d'été.*
A DROITE: *Un arrêt-de-porte en fonte a pris la forme d'une vache à lait bien nourrie.*

LINKS: *In de oude keukenkast vormt een combinatie van 'Creamware' en blauw-wit serviesgoed een stilleven in de trant van de oude Hollandse meesters.*
RECHTERBLADZIJDE: *De Schokkers hebben niet geaarzeld om hun keuken te verfraaien met tuinstoelen en -tafels.*

LEFT: *a substantial glass-fronted dresser in the kitchen filled with fine crockery – notably Creamware and a blue-and-white service.*
FACING PAGE: *The Schokkers have imported wooden and wrought-iron garden furniture into the kitchen.*

A GAUCHE: *Le contenu précieux du grand vaisselier encastré égaye la cuisine. Ses éléments principaux sont un service «Creamware» et une vaisselle bleue et blanche.*
PAGE DE DROITE: *Les Schokker n'ont pas hésité à introduire des meubles de jardin en bois et fer forgé dans la cuisine.*

RECHTS: *Het geel geschilderde trappenhuis en de botergele balustrades weerkaatsen het licht. De lantaarn is een kopie van een 19e-eeuws model.*

RIGHT: *The sunlit staircase and banisters are painted butter-yellow. The wrought-iron lantern was copied from an antique original.*

A DROITE: *La cage d'escalier et la balustrade peintes d'une couleur «beurre» accrochent la lumière. La lanterne en fer forgé est la copie d'un modèle ancien.*

LINKS: *De diverse onderdelen van de uitgesproken 21-eeuwse keuken verstoren geenszins de authentieke sfeer. De schoorsteenkap en de kasten werden 'brandweerrood' geschilderd.*
RECHTERBLADZIJDE: *Op een tuintafel met een betegeld bovenblad serveert Ineke thee met stroopwafels.*

LEFT: *The contemporary elements in the kitchen don't detract in any way from the authentic ambience. The stove-hood and the shelves are painted fire engine red.*
FACING PAGE: *Ineke serves tea on a garden table encrusted with brightly-coloured cement tiles. The fare includes an assortment of delicious "stroopwafels" – waffles with treacle.*

A GAUCHE: *Les éléments contemporains de la cuisine ne troublent nullement l'ambiance authentique des lieux. La hotte et les rangements ont été peints en rouge «sapeur pompier».*
PAGE DE DROITE: *Sur une table de jardin incrustée de dalles en ciment aux vifs coloris, Ineke sert le thé et accompagne sa boisson favorite d'un assortiment de «stroopwafels» – des gaufrettes au sirop – absolument délicieuses.*

Een kasteel in de Betuwe

Barbara en René Stoeltie

De Betuwe

Als we de balans opmaken van ons laatste 'woonavontuur', moeten we bekennen dat we dit 17e-eeuwse kasteel in de Betuwe niet écht ontdekt hebben. We vermoeden dat dit stoere en sobere bouwwerk, omgeven door slotgrachten en een park in Engelse landschapsstijl, als het ware op onze komst stond te wachten. Als we terugblikken op de vele metamorfoses die het interieur onderging, valt het ook geenszins te ontkennen dat we dit netwerk van ruime en hoge vertrekken rigoureus hebben aangepakt en dat we er met veel vallen en opstaan uiteindelijk in slaagden om de romantische sfeer van weleer op te roepen. Toegegeven, we hebben geploeterd om de meubelen, de stoffen, het behang en de familieportretten te vinden die ooit de sfeer van deze eeuwenoude 'heerlijkheid' bepaalden en dankzij onze ongeneeslijke reiskoorts en ons verblijf in tal van kastelen in Frankrijk, Engeland, Duitsland en Zweden, bedekt een met vogels en bloemen bedrukt behang onze muren en bepalen kleuren zoals parelgrijs, korenblauw en citroengeel het palet van onze dagelijkse omgeving. In het hart van de Betuwe, omringd door eeuwenoude bomen en een landschap dat herinnert aan de schilderijen van Ruisdael, is het leven heerlijk, in de meest strikte zin van het woord, waard te worden geleefd …

LINKS: *Een spinnenweb met Rijp aan de ramskop op een van de grote vazen in het hart van het voorplein.*
BOVEN: *Een zonnewijzer op een 18e-eeuwse stenen sokkel richt zijn vergulde pijl naar de hemel.*

LEFT: *A spider's web covered in rime hangs from a ram's head on one of the urns in the castle forecourt.*
ABOVE: *A sundial on a stone plinth points its arrow skywards.*

A GAUCHE : *Une toile d'araignée couverte de givre s'accroche à la tête de bélier qui orne l'une des urnes du parvis.*
CI-DESSUS : *Un cadran solaire monté sur un socle en pierre pointe sa flèche vers le ciel.*

De achterkant van het kasteel met lindebomen lijkt op een schilderij van Caspar David Friedrich.

Seen from the forecourt, the castle stands behind its screen of old lime-trees like a dream-image from Caspar David Friedrich.

Vu du parvis, le château, entouré de vieux tilleuls, semble sorti d'un tableau de Caspar David Friedrich.

Looking back, it is quite possible that it wasn't a case of our discovering this 17th-century castle in the heart of the Betuwe, but rather that the building itself, with its moats and English park, had been awaiting our coming for many, many years. When we take stock of the way we changed the décor, we realise that we didn't exactly spare these broad, panelled rooms. Indeed our desire to recreate the romantic ambience of the 18th-century, to find the furniture, the fabrics, the wallpapers and family portraits that are the life and soul of such ancestral homes required a real effort, fun though it was. Being much influenced by our travels around the world and by our visits to scores of similar buildings in France, England, Germany and Sweden, we borrowed from one of them the beautiful design of our wallpaper and from another the cameo greys, blues and lemon yellows which form our daily surroundings. From all of them in some measure we stole the relaxed elegance which is the hallmark of what the French call "la vie de chateau". And in the heart of the Betuwe, surrounded by old trees and a landscape straight from a painting by Jacob van Ruisdael, that kind of life is well worth living.

Avec le recul, nous nous disons souvent que nous n'avons peut-être pas découvert ce château du 17ᵉ au cœur de la Betuwe. En fait, on dirait plutôt que ce bâtiment robuste et sévère, entouré de douves et d'un parc à l'anglaise nous attendait depuis longtemps … Faisant le bilan de notre «changement de décor»: avouons sans détours que nous n'avons pas épargné ces vastes salons tapissés de lambris d'époque et que notre désir de recréer l'ambiance romantique du 18ᵉ siècle, de trouver le mobilier, les tissus, les papiers peints et les portraits de famille qui sont l'âme des vieilles demeures ancestrales fut un effort enchanteur. Influencés par nos voyages à travers le monde et par nos séjours dans un grand nombre de châteaux en France, en Angleterre, en Allemagne et en Suède, nous avons emprunté à l'un ces ravissantes indiennes à fleurs qui couvrent nos murs, escamoté à l'autre les camaïeux de gris, de bleu et de jaune citron qui forment notre décor quotidien et carrément «dérobé» à tous cette élégance décontractée qui est le propre de «la vie de château». Au cœur de la Betuwe, entourés d'arbres séculaires et d'un paysage à la Ruisdael, la vie vaut la peine d'être vécue.

Het kasteel gehuld in ochtendnevel.

The castle through the morning mist.

Le château enveloppé d'un brouillard matinal.

BOVEN EN RECHTERBLADZIJDE: *In de Louis XVI-eetkamer werden de panelen van de lambrisering bekleed met gebloemde stof. De kroonluchter is 18e-eeuws en het 'pièce-de-milieu' op de tafel uit het atelier van Sèvres stelt Cupido die zijn pijl scherpt voor.*
RECHTS: *de directoire-tafel torst een 19e-eeuws gipsen Romeinse Juno.*
VOLGENDE BLADZIJDEN: *Een gipsen medaillon van Friedrich Schiller en het portret van een 18e-eeuwse 'dame de qualité' sieren de wanden van de eetkamer.*

ABOVE AND FACING PAGE: *The dining room is austere and elegant in the style of Louis Seize, with panels covered in a blue and white fabric with an Indian design. An 18th-century chandelier hangs above the table, over a piece of Sèvres china representing "Cupid sharpening his arrow".*
RIGHT: *A 19th-century head of Juno stands on a Directoire table.*
FOLLOWING PAGES: *a medallion of Friedrich Schiller and the portrait of Gillart de Lachantel.*

CI-DESSUS ET PAGE DE DROITE: *La salle à manger de style Louis Seize dont les lambris sont habillés d'une «indienne» bleue et blanche, a tout pour charmer les amoureux d'un style nordique sévère et élégant. Le lustre est 18e, et le groupe en Sèvres représente «Cupidon aiguisant sa flèche».*
A DROITE: *Une tête de Junon 19e est posée sur une table Directoire.*
DOUBLE PAGE SUIVANTE: *un médaillon représentant Friedrich Schiller et le portrait de Gillart de Lachantel.*

De woonkamer is ingericht in onvervalste 18e-eeuwse stijl: een rustbed met draperieën à la polonaise, Louis XV- en XVI-meubelen en chinoiseriebehang waarop bloemen en vogels prijken.

The salon is decorated in the grand tradition of the 18th-century: daybed draped "à la polonaise", period Louis-Quinze and Louis-Seize furniture and wallpaper inspired by Chinese paintings.

Le salon a été décoré dans la grande tradition 18e: lit de repos drapé «à la polonaise», mobilier d'époque Louis Quinze et Louis Seize et papier peint inspiré par les peintures chinoises.

LINKS: *Jan Vermeer, De liefdesbrief (c.1669–1670). Het laatste akkoord op de mandoline werd abrupt afgebroken en ook de melodieuze stem van de jonge vrouw is verstomd. De dienstbode, die de anonieme brief naar haar toebracht, kijkt sereen, maar het gelaat van haar meesteres drukt verrassing en een zweem van angst uit.*
RECHTERBLADZIJDE: *De inrichting van de keuken roept de sfeer op van een oud jachtverblijf—niet in het minst door de aanwezigheid van eikenhouten lambriseringen, opgezette hertenkoppen en geweren.*

LEFT: *Anxious about the letter she has just received, a girl questions the servant who brought it: Jan Vermeer, The Love-Letter (c. 1669–1670).*
FACING PAGE: *The kitchen is panelled throughout in solid oak, creating the ambience of an old hunting lodge.*

A GAUCHE: *La destinataire questionne du regard la servante fidèle venue lui apporter ce billet mystérieux: Jan Vermeer, La lettre d'amour (vers 1669–1670).*
PAGE DE DROITE: *La décoration de la cuisine entièrement lambrissée de chêne massif évoque l'ambiance des vieux relais de chasse.*

Het Koetshuis

Martine Ambtman en Dicky Vos

Gelderland

Het statige 19e-eeuwse huis gaat schuil achter een rij eeuwenoude bomen en het schild boven de deur – een maansikkel van verguld metaal – beweegt op het ritme van de wind. Het Koetshuis ontleent zijn naam aan de oude koetsenstalling achter de voormalige pastorie. Martine Ambtman en Dicky Vos, die het pand kochten om er hun antiekzaak in te vestigen en er hun grote gezin in onder te brengen, beweren dat ze vooral gecharmeerd waren door de romantische ligging van het gebouw. Martine en Dicky houden van het platteland en de aankoop van het Koetshuis stelde hen eindelijk in staat hun ruime collectie meubelen, aardewerk, linnengoed en keukengerei in een passende omgeving tentoon te stellen. Hun nieuwe onderkomen bood hun ook de onverwachte weelde van dikke eikenhouten balken en antieke schouwen en doordat de verf op de wanden en het houtwerk onaangeroerd was gebleven, beperkten ze zich tijdens de inrichting tot de volmaakte recreatie van een 'authentiek' landelijk interieur. Aan het begin van een nieuw millennium en bewust van de dreiging van een kille, onmenselijke technologie neemt een esthetisch avontuur zoals dat van het oude Koetshuis wel een zeer bijzondere plaats in.

LINKS: *Een prachtige verzameling appels, vers uit de boomgaard.*
BOVEN: *Een rode kast, een blauwe kan en een gele beker vrolijken een hoek van de keuken op.*

LEFT: *a rich harvest of apples from the orchard.*
ABOVE: *a symphony of primary colours – red wardrobe, blue pitcher, yellow goblet.*

A GAUCHE: *une belle récolte de pommes cueillies dans le verger.*
CI-DESSUS: *une symphonie de couleurs primaires composée d'une armoire rouge, d'une verseuse bleue et d'un gobelet jaune.*

Een fiets uit de jaren '30 tegen het hek –een symbool van oer-Hollandse degelijkheid.

A 1930s style bicycle leaning nonchalantly against the railings of a house in the country – the vignette could hardly be more Dutch.

Quoi de plus hollandais qu'un «vélo» style années 1930 posé nonchalamment contre la clôture d'une maison de campagne?

The rambling 19th-century house lies hidden behind a row of ancient trees and the sign over the gate – a crescent moon in gilded metal – swings gently in the wind. "Het Koetshuis" – The Carriage House – is an old building backing on to a large gentleman's residence, but Martine Ambtman and Dicky Vos, who bought the place from the village parson with a view to setting up an antique shop and raising a large family under its roof, claim that the things they liked best about it were its site and the fact that it was fully intact. Martine and Dicky love everything to do with country life, and when they bought "Het Koetshuis" they were able – finally – to display their full array of country furniture, earthenware, household linen and cooking utensils. Since the house also offered the undreamt-of luxury of a décor rich in old beams and fireplaces, with walls and panels still bearing their original paintwork, their decoration work became a subtle game of optical illusion. At the dawn of a new millennium, with mankind threatened by its own cold technology, the nostalgic interiors of "Het Koetshuis" still have the power to enchant us.

La grande maison 19e est cachée derrière une rangée d'arbres séculaires et l'enseigne au-dessus de la porte – un croissant de lune en métal doré – se berce au gré du vent. «Het Koetshuis», la Remise à carrosses, a emprunté son nom à l'ancienne remise adossée au flanc de cette robuste maison de maître. Martine Ambtman et Dicky Vos, qui ont acheté la propriété au curé du village afin d'y installer leur magasin d'antiquités et d'abriter leur famille nombreuse, prétendent qu'avant tout elles ont été séduites par le site et par l'aspect intact du bâtiment. Martine et Dicky adorent tout ce qui touche à la vie à la campagne et l'acquisition de «Het Koetshuis» leur donne enfin la possibilité de mettre en scène leur vaste collection de meubles, de faïences, de linge de maison et d'ustensiles de cuisine rustiques. Comme leur nouveau gîte offrait le luxe inespéré d'un décor riche en poutres apparentes et en vieilles cheminées et que les murs et les boiseries étaient toujours recouverts de la peinture d'origine, leur effort en matière de décoration devint un jeu subtil de supercheries et d'illusions optiques. A l'aube d'un nouveau millénaire menacé par une technologie froide et inhumaine, les intérieurs nostalgiques de l'ancienne remise continuent de nous enchanter.

De antieke gietijzeren tuinstoel bij de entree draagt het signatuur van Karl Friedrich Schinkel.

The inmates have fashioned themselves a place in the sun; the cast-iron garden chair by the door is by Karl Friedrich Schinkel.

Les habitants se sont réservé une petite place au soleil. La chaise de jardin en fonte près de la porte d'entrée est signée Karl Friedrich Schinkel.

LINKS: *In de huiskamer vormen een robuuste tafel, boerenstoelen met rieten zittingen en een L-vormig bankje een gezellige eethoek. De beschilderde kast is afkomstig uit Midden-Europa, evenals de schalen van geëmailleerd aardewerk.*
RECHTERBLADZIJDE: *Het is zacht weer voor de tijd van het jaar en de bewoners hebben alvast de tafel gedekt voor een 'al fresco' maaltijd.*

LEFT: *In the living room, a sturdy table, straw-bottomed chairs and a bench which used to be by the fireplace. The rustic dresser comes from Central Europe, as do the enamelled earthenware plates.*
FACING PAGE: *On mild September days one can still eat outside.*

A GAUCHE: *Dans le séjour, une robuste table, des chaises paillées et une banquette qui servait jadis à se réchauffer près de la cheminée forment un coin-repas accueillant. Le vaisselier rustique est originaire d'Europe centrale ainsi que les plats en terre émaillée.*
PAGE DE DROITE: *Le doux mois de septembre est propice aux repas en plein air.*

De grote keuken is een van de gezelligste vertrekken in het huis. Martine en Dicky houden van bakken: het meel en de borden, de bakvormen en het keukengerei op tafel staan klaar voor de bereiding van een overheerlijke taart.

The spacious kitchen is one of the most welcoming places in the house. Martine and Dicky are ace cake makers, and the ingredients for a delicious "sablé" pastry are laid out on the table.

La grande cuisine est un des endroits les plus sympathiques de la maison. Martine et Dicky adorent faire de la pâtisserie: la farine répandue et les moules, plats et ustensiles divers sur la table annoncent la confection d'une délicieuse pâte sablée.

Huis te Hurwenen

Mynke Buskens en Andreas von Bertleff

Gelderland

Het door majestueuze linden afgeschermde huis staat als een onverbiddelijk fort boven aan de dijk en al bij de eerste confrontatie begrijpt men waarom beeldend kunstenaar Mynke Buskens en haar partner Andreas von Bertleff besloten om zich hier te vestigen. Het 'huis te Hurwenen' is gebouwd in de 19e eeuw op het hoogtepunt van de victoriaanse tijd. Aan deze even preutse als megalomane periode dankt het zijn robuuste proporties en ook de forse marmeren schouwen, de fraaie koperen fontein in de entree, de sierlijke wenteltrap en de reusachtige zolder, waar Mynke meteen haar atelier heeft ingericht. Haar houtskooltekeningen met buitengewone afmetingen van sombere tunnels, verstilde parken en steden, die hun uiterlijk ontlenen aan de geavanceerde 20e-eeuwse technologie, hebben hier een passend decor gevonden. In de voorkamer hebben Mynkes tekeningen zelfs de afmetingen aangenomen van heuse fresco's en door het hele huis wordt de soberheid van de kunstwerken benadrukt door de aanwezigheid van donkere, eikenhouten meubelen. Alleen de badkamer, met bronzen en gouden mozaïeken, getuigt van een onweerstaanbare neiging tot luxe.

Een gipsen ornament rust op de vensterbank.

A stone ornament on the windowsill.

Un ornement en pierre repose sur l'appui de fenêtre.

Een ingetogen portret van Mynke, starend naar een kunstwerk van haar hand.

Mynke contemplates a box – a work of art of her own creation.

Mynke médite devant une boîte – un objet d'art de sa création.

The house stands foursquare, partly obscured by a screen of magnificent lime trees. It dominates the dyke on which it stands, and you immediately understand why the designer Mynke Buskens and her partner Andreas von Bertleff, who is an expert on mosaics, have chosen to live in this oddly-named village of Hurwenen. "Huis te Hurwenen", or Hurwenen House, was built at the height of the prudish and megalomaniac Victorian era. It is typically out of proportion, with rocaille marble fireplaces, pretty shell-shaped brass washbasins, a spiral staircase and a huge attic in which Mynke has set up her studio. Her work, which consists of huge charcoal drawings of imaginary parks and cities, looks particularly well in this outsize environment. In the main drawing room, she has had the audacity – megalomaniac obliged – to transform her drawings into panels. From a decorating point of view the sobriety of the dark wooden furniture does not clash with the artwork and only the bathroom, all covered in bronze and gold mosaics, gives any hint of the couple's irrepressible love of luxury.

La grande maison carrée, à moitié dissimulée par un écran de vieux tilleuls superbes, domine la digue de toute sa splendeur robuste et on comprend tout de suite pourquoi Mynke Buskens, dessinatrice de talent, et son partenaire Andreas von Bertleff, expert en mosaïque, ont choisi de s'installer dans ce petit village au nom singulier de Hurwenen. Le «Huis te Hurwenen», la maison de Hurwenen, a été bâti en pleine époque victorienne et, de cette ère aussi prude que mégalomane, il a hérité ses proportions souvent inégales, ses cheminées en marbre de style rocaille, sa jolie fontaine murale de cuivre en forme de coquille, son escalier en colimaçon et l'immense grenier où Mynke a tout de suite installé son atelier. Ses dessins au fusain représentant des passages souterrains, des parcs et des cités imaginaires ont trouvé un décor digne de leur format hors normes. Dans le grand salon, Mynke – mégalomanie oblige – a même eu l'audace de les transformer en lambris. Côté décoration, la sobriété des meubles en bois sombre ne fait pas concurrence aux œuvres d'art. Seule la salle de bains, toute en mosaïques bronze et or, témoigne d'un penchant irrépressible pour le luxe.

Het huis te Hurwenen gaat schuil achter de dichte kruinen van eeuwenoude bomen.

"Huis te Hurwenen" is hidden behind a veil of greenery formed by the tops of ancient trees.

«Huis te Hurwenen», derrière un écran de verdure formé par les cimes touffues des arbres centenaires.

SOWILDE
HAVANA

LINKERBLADZIJDE: *Op een tafel voor het raam liggen houtskoolstiften, kwasten, penselen en gom.*
BOVEN: *De grote zolder stellen de kunstenares in staat haar grote houtskooltekeningen te maken.*
RECHTS: *De wanden van de eetkamer zijn bedekt met tekeningen van de tunnels van de Binnen-Dieze, een riviertje dat onder 's-Hertogenbosch doorloopt.*
VOLGENDE BLADZIJDEN: *De trap leidt naar het dakterras. De wastafel van koper en gietijzer is even oud als het huis.*

FACING PAGE: *Mynke's charcoals, brushes, pencils and erasers, blackened by constant use.*
ABOVE: *The attic is now a studio.*
RIGHT: *In the dining room the walls are covered by a series of drawings representing the tunnels of the Binnen-Dieze, an underground river.*
FOLLOWING PAGES: *The staircase leads up to a belvedere on the roof. The brass and cast-iron washbasin have been there from the beginning.*

PAGE DE GAUCHE: *Sur une table, Mynke a étalé ses fusains, ses brosses, ses crayons et ses gommes.*
CI-DESSUS: *L'ancien grenier est devenu l'atelier.*
A DROITE: *Les murs de la salle à manger sont recouverts de dessins qui représentent les tunnels de la Binnen-Dieze, une rivière souterraine.*
DOUBLE PAGE SUIVANTE: *L'escalier mène au belvédère sur le toit. La fontaine murale en cuivre et en fonte a vu le jour avec la maison.*

Ischa van Delft en Jacques Massé

Gelderland

Er was een flinke dosis moed voor nodig om dit vervallen café op een steenworp afstand van de Maas aan te pakken, maar aan moed ontbrak het Ischa van Delft en Jacques Massé, de nieuwe eigenaren, niet. Ischa, een binnenhuisarchitecte met een romantische kijk op wonen en met een voorkeur voor het leven op het platteland, wist intuïtief dat ze van deze wirwar van sombere vertrekken een warm en gezellig huis zou kunnen maken. Ze wist zich verzekerd van de hulp van haar partner, die dweept met 18e-eeuwse Scandinavische meubelen, Amerikaanse 'colonial style' en oude patinas, en zodoende togen ze gezamenlijk aan het werk. Heden ten dage herinnert niets meer aan de vroegere kroeg met de aftandse toog waar de boeren uit de omgeving hun glaasje jenever kwamen drinken, want dankzij Van Delft en Massé heeft het huis zich verrijkt met een eetkamer met blauwgroene lambriseringen en een keuken met helderrood geschilderde muren, waar familie en vrienden koffiedrinken aan een antieke boerentafel en waar de vrouw des huizes de sterren van de hemel kookt. Haar allergrootste trots is haar laatste schepping: een beeldschone tuin vol ouderwetse rozen, waar een ruime 'abri', vaak tot in de vroege ochtenduren onderdak verschaft aan deze twee onvervalste bourgondiërs.

LINKS: *Een bos roze pioenrozen fleurt de antieke vitrinekast vol dito glaswerk op.*
BOVEN: *Ischa is een kei in het bloemen schikken en zelfs met een paar simpele afgesneden takken maakt ze een fraai boeket.*

LEFT: *a bouquet of pink peonies left on the edge of a dresser filled with old glass.*
ABOVE: *Ischa has the gift of transforming a few cut branches into an eye-catching flower arrangement.*

A GAUCHE: *Un bouquet de pivoines roses posé sur le rebord d'une armoire remplie de verreries anciennes.*
CI-DESSUS: *Ischa sait transformer quelques branches coupées en bouquet surprenant.*

De voorgevel van de oude uitspanning.

The façade of the annexe that was once a restaurant.

La façade de l'ancien café-relais routier.

A certain kind of courage was needed to tackle this old broken-down café beside the River Meuse, but Ischa van Delft and Jacques Massé had what it took, in spades. Ischa is a decorator whose special passion is romantic country life – and from the moment she laid eyes on this labyrinth of awkwardly-shaped rooms she knew she was equal to the task of transforming them into a warm and welcoming place to live. Moreover she could rely on the unequivocal support of a partner who swears by 18th-century Scandinavian furniture, the American colonial style and the authentic patinas of age. So that was all right, too. If you go to the café now, you won't find the vaguest hint of the original pumproom with its battered bar, where the local farmers once came to quaff their shotglasses of "genever". In its stead Van Delft and Massé have concocted a dining room with blue-green panelled walls and a kitchen painted bright red, where their family and friends foregather to take coffee or enjoy the succulent meals prepared by the mistress of the house. But Ischa herself is altogether proudest of her most recent creation – a garden in which the eye lingers on seas of old roses, a rectangular pond, and a folly at the far end where she can take her meals "al fresco".

Tess, de hond, ligt te slapen op haar eigen plekje onder het aanrecht.

Ischa's dog Tess, in her bed under a shelf.

La chienne Tess s'est endormie dans sa niche à l'ombre d'une étagère.

Il fallait du courage pour s'attaquer à ce vieux café délabré situé à quelques pas de la Meuse, mais du courage, les nouveaux propriétaires Ischa van Delft et Jacques Massé en avaient à revendre … Ischa, une décoratrice que passionne le romantisme de la vie campagnarde a su dès le premier coup d'œil qu'elle réussirait à transformer ce labyrinthe aux volumes ingrats en une maison chaleureuse et accueillante. Se sachant secondée par un partenaire qui vénère les meubles scandinaves d'époque 18ᵉ, le style colonial américain et les patines à l'ancienne, elle s'est mise au travail. De nos jours, rien ne rappelle l'ancienne salle commune au zinc fatigué où les paysans des alentours venaient prendre leur petit verre de genièvre. Grâce à van Delft et Massé, l'ancien bistrot s'est enrichi d'une salle à manger aux lambris bleu vert et d'une cuisine aux murs badigeonnés d'un rouge vif où la famille et les amis se réunissent pour prendre un café ou pour goûter aux petits plats mijotés par la maîtresse de maison. Celle-ci se montre toujours fière de sa dernière création: un jardin où l'œil s'attarde sur des massifs de roses anciennes, un plan d'eau et un abri rustique pour les repas en plein air.

LINKS: *Dit grote vertrek is het domein van Jacques. Hier stelt hij zijn vondsten tentoon en heeft hij zijn eigen 'inner sanctum' geschapen met zeldzame voorwerpen en meubelen en antieke lambriseringen.*
VOLGENDE BLADZIJDEN: *Zeldzame nautische objecten, curiosa, antieke deuren, lambriseringen met een afbladderende verflaag en een houten paard uit een uitdragerij in New England leveren het bewijs dat Jacques een bijzonder oog heeft voor uitzonderlijke dingen.*

RIGHT: *This spacious room with its old panelling is the exclusive domain of Jacques, full of his personal treasures, rare objects and furniture.*
FOLLOWING PAGES: *Nautical objects, doors and panels covered in peeling paint, a wooden horse found in a New England junkshop … no matter what, Jacques has a way of making the best use of things.*

A DROITE: *Cette grande pièce est le domaine exclusif de Jacques. C'est ici qu'il expose ses trouvailles et qu'il a créé son paradis personnel avec des objets rares et des meubles et des lambris patinés par le temps.*
DOUBLE PAGE SUIVANTE: *Objets nautiques, portes et lambris recouverts de peinture écaillée, un cheval de bois déniché dans une brocante de Nouvelle-Angleterre. Peu importe … Jacques sait toujours en tirer le meilleur parti.*

BOVEN: *Ischa heeft de muren van de keuken 'gesponsd' met een doorschijnende laag rode verf en de deur en de raamkozijnen biljartgroen geschilderd.*
RECHTS: *In het toilet vormen een antieke wasbak, een tuinstoel en een rode bakstenen vloer een verrassende combinatie.*
RECHTERBLADZIJDE: *Een 18e-eeuwse deur, die Jacques uit Frankrijk meebracht, heeft in de 'abri' zijn ideale bestemming gevonden.*

ABOVE: *In her kitchen, Ischa has covered the stucco walls with a red wash; the door and its casing are painted billiard-baize green.*
RIGHT: *An old washbasin, a garden seat and a floor in red brick make an unexpected combination for the cloakroom.*
FACING PAGE: *An 18th-century door, which Jacques brought home from France, has found a place in the garden shed.*

CI-DESSUS: *Ischa a choisi de couvrir d'un lavis rouge les murs en stuc de sa cuisine et de peindre la porte et le chambranle en vert billard.*
A DROITE: *Dans les toilettes, un lave-mains ancien, un siège de jardin et un sol en briques rouges forment un ensemble inattendu.*
PAGE DE DROITE: *Une porte 18e, que Jacques a rapportée de France, a trouvé son emplacement définitif dans l'abri de jardin.*

Een tuinhuisje

Ischa van Delft en Jacques Massé

Gelderland

In het begin was het niet meer dan een braakliggend stukje land achter het huis, maar Ischa van Delft en Jacques Massé, die de zware taak op zich namen om er de tuin van hun dromen van te maken en helemaal achterin een paviljoen te bouwen in 18e-eeuwse stijl, geven toe dat ze momenten hebben gekend van twijfel en wanhoop. Het tweespan Van Delft-Massé liet zich echter niet uit het veld slaan en wie het album doorbladert waarin de transformatie is vastgelegd, krijgt foto's te zien waarop Jacques kniehoog door de modder ploetert en planken en schotten aansleept en Ischa bomen, struiken en klimrozen plant en –inventief, zoals gewoonlijk– het teerdoek op het dak van het paviljoen uitsnijdt om het van een fraaie decoratieve rand te voorzien. Men kan zich nauwelijks voorstellen hoeveel moeite het kostte om hier een muur op te trekken die wordt bekroond met 19e-eeuwse houten tuinornamenten en een vijver aan te leggen. Waar nu massa's bloemen en rozen met tere kleuren bloeien, was vroeger niets anders dan leegte. Wie zou kunnen vermoeden dat het '18e-eeuwse' paviljoen met zijn zonnebloemgele wanden, zijn bedstee, zijn gietijzeren kachel en zijn geblokte gordijnen amper een paar jaar oud is?

LINKS: *De voorgevel van het tuinhuisje is pastelblauw 'gewassen'.*

LEFT: *the façade of the "tuinhuisje", covered with a pastel blue wash.*

A GAUCHE: *La façade du «tuinhuisje» a été recouverte d'un lavis bleu pastel.*

Wat is het heerlijk om onder de luifel van het paviljoen van het mooie weer te genieten!

The sunny porch of the "paviljong".

Qu'il fait bon profiter du beau temps sous l'auvent du «paviljong».

In the beginning, there was nothing here but a piece of wasteland behind the large turn-of-the-century house occupied by Ischa van Delft and Jacques Massé. Later the couple set about the heavy task of transforming their arid plot into a dreamlike garden, with a pavilion at its end in the best 18th-century taste. As the work progressed, they had moments of doubt and despair. Nevertheless they strove on manfully – and when you see their photo album you realise just how manful they had to be. There are pictures of Jacques slogging through the mud and hauling planks about, while the exhausted Ischa plants trees and climbing roses or cuts up the tarred material for the pavilion roof in such a way as to give the eaves the look of a pelmet. It is impossible, in this day and age, to guess at the sheer effort that lies behind the construction of a wall embellished by a portico and crowned with wooden vases turned on a lathe; or even to suspect that where now you see great masses of delicate roses and other blossoms, there was once nothing but bare ground. Hardest of all to grasp is the fact that this 18th-century pavilion with its sunflower yellow interior, its box bed, its cast-iron stove and its chequered curtains, dates from the last years of the 20th century.

Door een boog bedekt met een klimroos heeft men zicht op de Medici-vaas, het waterwerk en het tuinhuisje.

Climbing roses frame the view towards the urn, the pond and the "tuinhuisje".

Une arche couverte d'un rosier grimpant encercle la vue sur le vase Médicis, le plan d'eau et le «tuinhuisje».

Au début ce n'était qu'un terrain vague derrière une grande maison fin de siècle. Ischa van Delft et Jacques Massé qui ont entrepris la lourde tâche de transformer cette terre aride en jardin de rêve et de construire un pavillon, tout au bout de ce jardin, dans le meilleur goût 18e, avouent qu'ils ont connu des moments de doute et de désespoir. Le couple Van Delft-Massé ne s'est pas découragé pour autant et quand on feuillette l'album photo de la transformation, on a envie de rire car les images nous montrent Jacques, pataugeant dans la boue ou traînant des planches et des lambris et nous révèlent Ischa, épuisée, plantant des arbres et des rosiers grimpants ou découpant la toile goudronnée sur le toit du pavillon afin de donner au rebord l'aspect d'un lambrequin romantique. Impossible de nos jours de deviner l'effort que représente la construction d'un mur orné d'un portique et couronné de vases en bois tourné, de soupçonner que le vide absolu régnait là où poussent aujourd'hui des massifs de fleurs et de roses aux couleurs tendres, et que le pavillon «18e» avec son intérieur jaune tournesol, son lit d'alcôve, son poêle en fonte et ses rideaux à carreaux ne date que de la fin du 20e siècle.

LINKS: *Men kan zich moeilijk voorstellen dat dit paradijselijke oord ooit een stuk braakliggend grond was. De 19e-eeuwse gietijzeren vass aan de rand van de vijver werd in Frankrijk gekocht.*

It's hard to believe that only a few years ago this corner of paradise was a dreary vacant lot. The tall 19th century vase at the far end of the pond came from France.

On a peine à croire que ce coin de paradis n'était autrefois qu'un terrain vague morne et gris. Le grand vase en fonte, à l'extrémité de la pièce d'eau, est 19e et a été déniché en France.

BOVEN EN RECHTS: *In amper twee jaar tijd heeft Ischa dit stukje woesternij omgetoverd in een weelderige tuin, waar de bomen, rozen en kruiden groeien waar ze het meest van houdt. Aan de waslijn hangt een klein gedeelte van Ischa's verzameling antieke stoffen.*
RECHTERBLADZIJDE: *De tafel is gedekt voor een feestelijke maaltijd.*

ABOVE AND RIGHT: *In less than two years, Ischa transformed this square of arid ground into a luxuriant garden where she can grow her favourite plants, roses and trees. Nor does she balk at washing her rarest and oldest fabrics and hanging them in the sun to dry …*
FACING PAGE: *a table set for lunch outside.*

CI-DESSUS ET A DROITE: *En deux ans à peine, Ischa a transformé ce carré de terre aride en un jardin luxuriant où poussent ses plantes, ses arbres et ses roses préférées. Avec l'intrépidité qui la caractérise, elle a couru le risque de laver ses tissus anciens et rares …*
PAGE DE DROITE: *La table est mise et le repas à la fraîche peut commencer.*

LINKS: *Anjers, viooltjes en rode en witte papegaaitulpen vormen een fraai boeket op een eenvoudige glazen vaas.*
RECHTERBLADZIJDE: *Het doorgestikte kleed op de rustieke tafel is in India gemaakt en is een ontwerp van Ischa. Ze is ook verantwoordelijk voor de oranjegele kleur op de muren. De stof van de gordijnen komt uit haar woonwinkel 'September'.*

LEFT: *Carnations, violets and red-and-white parrot-tulips create a magical effect in a simple glass vase.*
FACING PAGE: *In the pavilion, the quilted cloth draped over the table was made in India to Ischa's specifications. She also selected the yellow-orange shade of the walls and made the curtains from a chequered fabric that she sells in her shop.*

A GAUCHE: *Des œillets, des violettes et des tulipes «perroquet» rouges et blanches forment un bouquet charmant dans un modeste vase en verre.*
PAGE DE DROITE: *Dans le pavillon, la nappe matelassée sur la table rustique a été confectionnée en Inde sur des indications d'Ischa. C'est encore elle qui a choisi le ton jaune orange des murs et qui a fabriqué des rideaux avec un tissu à petits carreaux qu'elle vend dans sa boutique.*

Zicht op de ophaalbrug die naar de 'Zaanse Huisjes' voert, een buurt die is samengesteld uit stenen en houten huizen uit de Zaanstreek en dateren van de 18e en de 19e eeuw.

A view of the swing bridge leading to the "Zaanse Huisjes", a district where the houses are built of stone and wood and date from the 18th and 19th centuries.

Une vue sur le pont-levis qui mène aux «Zaanse Huisjes», un quartier composé de maisons en pierre et en bois datant du 18ᵉ et du 19ᵉ siècle.

NEDERLANDS OPENLUCHTMUSEUM

Gelderland

Aan het eind van de 19e eeuw stichtte Artur Hazelius in Stockholm het eerste openluchtmuseum ter wereld. Dit museum, Skansen genaamd, had zo veel succes dat andere landen het voorbeeld van Zweden volgden. Her en der oude gebouwen ontmantelen die dreigen te verdwijnen en een keur van boerderijen, privé-woningen, arbeidershuisjes, schuren en werkplaatsen in een openluchtmuseum heropbouwen, vereist veel inspanning, gedegen kennis en een grenzeloos enthousiasme. Het Nederlands Openluchtmuseum, dat in 1912 werd opgericht in Arnhem en in 1918 werd voltooid, kan zich erop beroemen een van de meest geslaagde in zijn soort te zijn. De bezoeker krijgt de indruk dat hij als het ware in de tijdmachine uit het verhaal van H.G. Wells stapt. Op het uitgestrekte terrein dwaalt men door het verleden, wandelend door met klinkers geplaveide straatjes en met aan weerszijden huizen in vrolijke kleuren die zijn gekroond met een timpaan van sierlijke slingers en krullen. Men kan de weg inslaan die naar de ophaalbrug leidt, men kan zichzelf in de oude bakkerswinkel op koek met rozijnen trakteren, zich te goed doen aan poffertjes of pannenkoeken in een boerderij met een rieten dak, die vroeger in een verafgelegen provincie stond en –bekoord door de unieke omgeving– de wereld buiten het hek totaal vergeten. Eenmaal bij de uitgang aangekomen, keert het besef terug van de realiteit en heeft de bezoeker de grootste moeite om de alledaagse 21e eeuw weer binnen te stappen …

LINKS: *Een traditionele 18e-eeuwse tuin beplant met groene kool.*
BOVEN: *Bij dit houten huis in de Zaanse wijk is een traditionele 18e-eeuwse tuin aangelegd.*

LEFT: *cabbages in a corner of a traditional kitchen garden.*
ABOVE: *a wooden house in the Zaandam district.*

A GAUCHE : *un bout de jardin traditionnel planté de choux.*
CI-DESSUS : *Cette maison en bois du quartier zaandamois est agrémentée d'un petit jardin.*

Ook in eenvoudige boerentuintjes zijn vaak standbeelden en andere ornamenten te vinden. Hier ziet men een veelkleurige houten engel met een vergulde trompet.

Even quite humble buildings may have statues in their gardens, such as this polychrome angel with its gilded trumpet.

Même dans les jardins les plus modestes on trouve souvent des statues. Ici, un ange en bois polychrome avec sa trompette dorée.

Towards the end of the 19th century, Artur Hazelius founded the world's first open air museum in Stockholm. The Skansen Museum proved so successful that other countries lost no time in following the Swedish example. The gradual assembling of old buildings that were passing out of existence, and the putting together a selection of farms, private houses, cottages, barns and workshops, required considerable effort, knowledge and enthusiasm. Founded in 1912 in Arnhem and completed in 1918, the "Nederlands Openluchtmuseum" can boast that it is one of the most successful enterprises of its type in Europe. From the moment you enter you have the impression that you have left the 21st century behind and stepped into a Wellsian time warp. You can wander along small cobbled streets past brightly painted houses with wooden tympana decorated with garlands and volutes. You can take the path leading down to the drawbridge, there to consume a couple of plum cakes in the old bakery, or stuff yourself with "poffertjes" and pancakes in a thatched farmhouse. Transported by the magic of this unique place, you forget the other world outside the gates and put off for as long as possible your return to reality.

Vers la fin du 19e siècle, Artur Hazelius fonda à Stockholm le premier musée en plein air du monde, et le musée de Skansen connut un tel succès que, par la suite, d'autres pays se mirent à suivre l'exemple de la Suède. Cueillir ici et là des bâtiments anciens en voie de disparition et composer un échantillonnage de fermes, de demeures privées, de maisons rustiques, de granges et d'ateliers d'artisans, demande un effort considérable, des connaissances approfondies et un enthousiasme sans bornes. Fondé en 1912 et complété en 1918 à Arnhem, le «Nederlands Openluchtmuseum» peut se glorifier d'être un des exemples des plus réussis dans son genre. Le visiteur a l'impression de quitter le 21e siècle et d'entrer dans une machine à remonter le temps digne de H.G. Wells. Dans ce vaste domaine où l'on découvre le passé avec des yeux émerveillés, on peut flâner dans des petites rues pavées, bordées de maisons aux vives couleurs, coiffées d'un tympan en bois orné de guirlandes et de volutes. On peut emprunter le chemin qui mène au pont-levis pour aller s'offrir quelques bons gâteaux aux raisins dans la vieille boulangerie et on peut savourer des «poffertjes» et des crêpes dans une ferme à toit de chaume. Emportés par la magie de ce lieu unique en son genre, on oublie « l'autre monde» au-delà de la grille, et on hésite à terminer la visite et retrouver la réalité.

Nederlanders zijn dol op planten. De gevels van de huizen zijn vaak bedekt met klimplanten of een sierheester.

Dutch people hold flowers in special affection, so much so that the façades of their houses are often obscured by climbing plants and flowering shrubs.

Les Hollandais adorent les fleurs et souvent les façades des maisons sont couvertes de plantes grimpantes ou d'un arbuste en fleur.

BOVEN: *De inrichting van deze oude Zaanse koopmanswoning weerspiegelt de welstand van de burgerij aan het begin van de 19e eeuw.*
RECHTS EN RECHTERBLADZIJDE: *In de woonkamer en de keuken, die vroeger uitsluitend het domein van de huisvrouw en haar personeel was, tonen de geelgelakte lambriseringen, de met Delfts blauw betegelde schouw, de melkglazen hanglamp en de gietijzeren kachel dat de keukens in de grote huizen niet verstoken waren van een zekere luxe.*

ABOVE: *In this merchant's house, which was moved from Zaanstad, the décor reflects the prosperity of the bourgeoisie in the early 19th-century.*
RIGHT AND FACING PAGE: *In the kitchen and living room formerly reserved for servants, the yellow-painted panels, fireplace tiled in Delft, opaline hanging lamp and cast-iron projecting stove show that the staffs of the more affluent houses were lodged very comfortably indeed.*

CI-DESSUS: *La décoration de cette maison de négociant qui se trouvait jadis à Zaanstad reflète la prospérité de la bourgeoisie vers le début du 19e siècle.*
A DROITE ET PAGE DE DROITE: *Dans le séjour et la cuisine réservée aux employés de maison, les lambris laqués jaune, le corps de cheminée carrelé en Delft, la suspension en opaline et le poêle en fonte nous prouvent que – du moins dans les grandes maisons – les pièces de service étaient agréables et confortables.*

LINKS: *Pieter de Hooch, Een vrouw met kind aan de borst en een kind met hond (c.1658–1660). Een moment van huiselijk geluk.*

RECHTERBLADZIJDE: *In de keuken van een wasserij die uit Overveen werd overgebracht, zijn de muren bedekt met 'witjes' en is de gootsteen voorzien van een pomp.*

LEFT: *The very image of domestic bliss: Pieter de Hooch, A Woman Nursing an Infant with a Child and a Dog (c. 1658–1660).*

FACING PAGE: *In the kitchen of a laundry originating in Overveen, the walls are entirely covered in "witjes".*

A GAUCHE: *L'incarnation du bonheur quotidien: Pieter de Hooch, Femme allaitant un nouveau-né avec un chien et un chat (vers 1658–1660).*

PAGE DE DROITE: *Dans la cuisine d'une blanchisserie qui fut transportée d'Overveen, les murs sont entièrement habillés de «witjes».*

LINKERBLADZIJDE: *In een hoek van deze gelakte oudroze slaapkamer staat een rieten stoel onder een romantische ingekleurde gravure.*
RECHTS: *De linnenpers, naast de bedstee, diende vroeger om het wasgoed zo te vouwen dat men het in nette stapels in de linnenkast op kon bergen.*

FACING PAGE: *In a corner of this bedroom, with panels painted a faded pink, a straw-bottomed chair stands beneath a sentimental coloured engraving.*
RIGHT: *Beside the alcove bed is a piece of furniture which was used for folding sheets in such a way that they could be neatly stacked in the linen cupboard.*

PAGE DE GAUCHE: *Dans un coin de cette chambre à coucher dont les lambris sont laqués en vieux rose, on a posé une chaise paillée sous une gravure coloriée au sujet sentimental.*
A DROITE: *Le meuble-pressoir, à côté du lit-alcôve, servait jadis à plier le linge de telle façon qu'on pouvait ensuite le ranger impeccablement dans les grandes armoires.*

Kasteel Middachten

Aurel en Isabelle, graaf en gravin Ortenburg-Bentinck

Gelderland

Het trotse kasteel van Middachten heeft iets magisch en misschien ligt dat wel aan de bouwstijl, die tegelijk streng en sierlijk is, of aan het feit dat het slot zo prachtig gelegen is en omringd wordt door een slotgracht en door een park in Franse stijl. Tussen 1694 en 1697 werd het door Godard van Reede, heer van Middachten, gebouwd op de restanten van een middeleeuws fort dat door Franse troepen was verwoest. Maar zijn huidige vorm heeft het huis te danken aan de bouwmeesters Jacob Roman en Steven Vennekool. Afgezien van de indrukwekkende architectuur en van het monumentale trappenhuis heeft Middachten een heel aparte intieme sfeer en in tegenstelling tot andere gebouwen uit dezelfde tijd en van dezelfde omvang, heeft het een unieke charme. Niets verstoort hier de verheven rust van dit oord. Van de authentieke keukens en de dienstbodeverblijven tot de eetzaal, en van de ruime, elegante salons tot de slaapkamers met hun rijk gedrapeerde hemelbedden getuigt alles van een spontane voornaamheid. De huidige eigenaren, graaf en gravin Ortenburg-Bentinck, doen alles wat in hun vermogen ligt om deze onvergelijkelijke ambiance te bewaren. Het is aan hun niet-aflatende strijd te danken dat Middachten zijn gefascineerde bezoekers blijft bekoren.

Een detail van een witmarmeren spuwer uit het eind van de 17e eeuw.

Detail of a late 17th-century white marble washbasin with its "mascherone".

Gros plan sur une fontaine murale en marbre blanc, fin 17e, ornée d'un mascaron.

De bijgebouwen, gezien vanaf de brug die het Oostelijk Bouwhuis, een vroegere opslagplaats, met de oranjerie verbindt.

The estate offices seen from the bridge that links the "Oostelijk Bouwhuis", an old warehouse, with the orangery garden.

Les communs vus du pont qui relie le «Oostelijk Bouwhuis», un ancien entrepôt, à l'orangerie.

There is something magical about the proud castle of Middachten, and it's hard to say whether this derives from the austere and elegant architecture of the place or from its solitary site in the middle of a great expanse of water, which is itself encircled by a park of French design. First built between 1694 and 1697 by the Lord of Middachten, Godard van Reede, on the ruins of a mediaeval fortress sacked and destroyed by French troops, Middachten was rebuilt in its present form by the architects Jacob Roman and Steven Vennekool. But it is neither the imposing architecture of the building, nor its monumental staircase, that gives Middachten its unique charm. The fact is that unlike other buildings of the same period and similar importance, Middachten has a surprising level of intimacy. From the totally unaltered kitchen to the dining room, the broad, elegant salons, and the bedrooms upstairs with their richly draped four-posters, nothing disturbs the steady atmosphere of warmth and welcome exuded by this house. The owners of the castle, Count and Countess Ortenburg-Bentinck, have waged a long campaign to preserve the ambience of their home. And it is thanks to their efforts that the magic of Middachten continues to enchant all who go there.

Il a quelque chose de magique, le fier château de Middachten, et on ignore si cela tient à son architecture à la fois sévère et élégante ou au fait qu'il se dresse, solitaire, au milieu d'une vaste pièce d'eau entourée d'un parc à la française. Construit entre 1694 et 1697 par Godard van Reede, seigneur de Middachten, sur les vestiges d'un château fort médiéval saccagé par les troupes françaises, Middachten prit la forme qu'on lui connaît aujourd'hui grâce aux architectes Jacob Roman et Steven Vennekool. Mais ni l'architecture imposante du château, ni sa cage d'escalier monumentale ne constituent le charme particulier de cette demeure exceptionnelle. Middachten, contrairement à d'autres bâtiments de la même époque et de la même envergure, possède un caractère intime qui ne cesse de surprendre. De la cuisine intacte à la salle à manger, et des vastes salons élégants aux chambres à coucher meublées de lits à baldaquins richement drapés, rien ne vient troubler la sérénité des lieux. De nos jours, les propriétaires du château, le comte et la comtesse Ortenburg-Bentinck, se battent pour préserver cette ambiance sans pareille. Grâce à eux, la magie de Middachten continue d'enchanter ses visiteurs.

De majestueuze koepel werd door Jacob Roman ontworpen en door Steven Vennekool versierd met barok siergips en met kunstig houtsnijwerk.

The majestic dome built by the architect Jacob Roman was decorated with wood and stucco elements sculpted by Steven Vennekool.

La coupole majestueuse due à l'architecte Jacob Roman a été décorée avec des éléments en stuc et en bois sculpté par Steven Vennekool.

BOVEN: *In een van de riante slaapkamers op de eerste verdieping neemt een groot hemelbed een belangrijke plaats in. Een canapé en een paar stoelen gaan in de beste victoriaanse traditie schuil onder een gestreepte katoenen hoes.*
RECHTS: *Weelderige boeketten, meesterlijk gerangschikt door de trouwe Andries, versieren Middachten.*
RECHTERBLADZIJDE: *In een van de woonvertrekken op de begane grond valt het zonlicht op een fauteuil in Louis X-stijl.*

ABOVE: *in one of the spacious bedrooms on the first floor, a large four-poster bed and a couple of upholstered chairs in the best Victorian tradition.*
RIGHT: *Middachten is full of stunning flower arrangements skilfully put together by Andries.*
FACING PAGE: *In one of the downstairs rooms a ray of sunlight lingers on a solitary Louis-Quinze armchair.*

CI-DESSUS: *Dans une des vastes chambres à coucher du premier étage, un grand lit à dais se partage l'espace avec un canapé et une paire de chaises houssées dans la meilleure tradition victorienne.*
A DROITE: *A Middachten il y a toujours de somptueux bouquets, arrangés de main de maître par le fidèle Andries.*
PAGE DE DROITE: *Dans un des salons du rez-de-chaussée, un rayon de soleil s'attarde sur un fauteuil doré de style Louis Quinze.*

LINKS: *Het benedenhuis herbergt de keukens, de dienstbodevertrekken en het washok. De 'botergele' kleur van de meubelen en de kasten is gebaseerd op een aloude traditie.*
RECHTERBLADZIJDE: *Het 'moderne' keukengerei op de robuuste werktafel en in de vensterbank getuigt van de koortsachtige bedrijvigheid die hier, van oudsher, het dagelijks leven bepaalde.*

LEFT: *The "Onderhuis" comprises the kitchens, staff quarters and laundry room. The butter-yellow colour of the furniture and the glass-fronted cabinets is traditional in this part of Holland.*
FACING PAGE: *The "modern" kitchen utensils on the table and in the window embrasure attest to a steady level of activity in the cooking department.*

A GAUCHE: *Le «Onderhuis» loge les cuisines, les quartiers du personnel et la buanderie. Traditionnelle, la couleur «beurre frais» des meubles et des armoires vitrées.*
PAGE DE DROITE: *Sur la solide table de travail et dans l'embrasure de la fenêtre, la présence d'un grand nombre d'ustensiles de cuisine «modernes» témoigne d'une activité fiévreuse.*

RECHTS: *De aanwezigheid van een oude grammofoon levert het bewijs dat de dienstmeisjes tussen het boenen, wassen en strijken ook aan de nodige ontspanning dachten.*

RIGHT: *An old-fashioned gramophone in the laundry room accompanied the ladies who did the washing and ironing as they worked.*

A DROITE: *Dans la buanderie, la présence d'un vieux gramophone prouve que les repasseuses et les lingères pensaient aussi aux douces heures de détente.*

De heeren van Bronkhorst

Gelderland

Het stadje Bronkhorst, in het oosten van Nederland, heeft iets onwerkelijks. De Belgische schrijver Georges Rodenbach indachtig kan men zich afvragen of Bronkhorst geen museum zou worden als men het van de rest van de wereld zou afzonderen door het onder een glazen stolp te plaatsen. Frans Koekkoek en Evert Warffemius zijn ervan overtuigd dat het bescheiden huis met zijn schuur en zijn uitgestrekte lap grond op hen lag te wachten en ze staan erop dat het pand was voorbestemd om er tegelijk hun antiekwinkel en hun privé-woning onder te brengen. Bronkhorst is inderdaad een zeldzame parel en in dit beschermde stadsgezicht, dat bestaat uit een netwerk van straatjes, steegjes en een kerkje, wordt elk luik, elke baksteen en elk ruitje gekoesterd door de bewoners en door degenen die zich inzetten om dit unieke culturele erfgoed te behouden. Frans en Evert voelen zich volkomen thuis in deze enclave van rust, waar bijna niets herinnert aan de 21e eeuw. Om hun onthechting te onderstrepen, hebben ze een interieur geschapen waarin de met Delfts blauw betegelde schouw, de met Chinees porselein gevulde notenhouten vitrinekast, de koperen ketel in de haard en de naar appeltaart met kaneel geurende keuken verhalen van vroeger en van de voorbije eeuwen, toen de inwoners van Bronkhorst nog leefden volgens het ritme van de oude kerkklok.

LINKS: *De bezoekers kondigen hun komst aan door een bel aan de luiken.*
BOVEN: *Dit bord zegt meer dan duizend conventionele beleefdheden.*
VORIGE BLADZIJDEN: *Bronkhorst en omgeving.*

LEFT: *Visitors ring a bell.*
ABOVE: *A plate sets the essential tone.*
PREVIOUS PAGES: *Bronkhorst and its environs.*

A GAUCHE: *Le sou de la clochette annonce l'arrivée des visiteurs.*
CI-DESSUS: *Une assiette en faïence où l'on peut lire «Bienvenue – entrez» en dit plus que mille politesses.*
DOUBLE PAGE PRÉCÉDENTE: *Bronkhorst et ses environs.*

Voor het huis nodigt een bank met de inscriptie 'de heeren van Bronkhorst' de vermoeide wandelaars uit tot verpozen.

A bench in front of the house bearing the legend "De Heeren van Bronkhorst" invites the weary passer-by to stop and rest.

Devant la maison, un banc orné de l'inscription «De Heeren van Bronkhorst» invite les promeneurs fatigués à se reposer.

The little town of Bronkhorst in the east of Holland has something unreal about it, so much so that one actually wonders whether it wouldn't instantly turn into a museum exhibit if you put it under glass. Frans Koekkoek and Evert Warffemius are convinced that their modest house with its barn and surrounding land was actively awaiting them – that they were somehow predestined to make the place their home and incidentally their antique shop. Be that as it may, it was no easy task to unearth a pearl this rare in a protected site composed of a few streets and alleys clustered round a tiny church. In Bronkhorst, every house, every shutter, every brick, tile and cobblestone has been lovingly preserved. Frans and Evert love the noiseless atmosphere of Bronkhorst, where practically nothing is present to remind them of the 21st-century. To emphasize their detachment even further, they have created an interior in which the fireplace is decorated with Delft tiles, the walnut dresser is filled with blue and white earthenware, and the old kitchen is perfumed by the scent of cinnamon and apples from tarts baking in the oven. All these things speak to us of a more peaceful time, in which our lives, like those of the people of Bronkhorst, were regulated by the chimes of a church clock.

In een antieke kast, waarvan de binnenkant zalmroze is geschilderd, hebben Evert en Frans een deel van hun verzameling 18e-eeuws Chinees porselein uitgestald.

Part of Evert and Frans's collection of 18th-century Chinese porcelain, on a dresser painted blush pink.

Dans une armoire vitrée dont l'intérieur a été peint en «cuisse de nymphe émue», Evert et Frans exposent une partie de leur collection de porcelaines de Chine 18e.

La petite ville de Bronkhorst, à l'est des Pays-Bas, a quelque chose d'irréel et, avec l'écrivain belge Georges Rodenbach, on se demande si Bronkhorst ne deviendrait pas un musée si on mettait un couvercle sur la ville. Frans Koekkoek et Evert Warffemius sont persuadés que la modeste maison avec sa grange et son vaste terrain attenant les attendait et qu'ils étaient prédestinés à y installer leur magasin d'antiquités et leur demeure privée. Quoi qu'il en soit, il ne semble pas évident d'avoir trouvé cette perle rare dans un site protégé constitué de quelques rares rues et ruelles et d'une petite église. Ici chaque maison, chaque volet, chaque brique, chaque carreau et chaque pavé a été préservé avec amour. Frans et Evert adorent cette ambiance feutrée où rien, ou presque, n'évoque le 21e siècle. D'ailleurs, pour bien souligner leur détachement, ils se sont créé un intérieur où la cheminée décorée de carreaux de Delft, le vaisselier en noyer rempli de faïences bleues et blanches et la vieille cuisine qui sent bon la cannelle et le gâteau aux pommes tout chaud, nous parlent d'un temps paisible où les habitants de Bronkhorst vivaient encore au rythme des heures indiquées par la grande horloge de l'église.

LINKS: *De hond van Chinees porselein en het medaillon, dat een vooraanstaande dame uit de empiretijd voorstelt, werden gekozen om hun heldere en frisse kleuren.*
LINKERBLADZIJDE: *In de knusse keuken zijn de Friese staartklok, de kraantjeskan en het tegeltableau van Delfts blauw dat een zittende hond uitbeeldt, de voornaamste en o zo typische oer-Hollandse elementen.*

LEFT: *A Chinese porcelain dog and an Empire medallion-portrait of a lady of quality have been placed here on account of their fresh colours.*
FACING PAGE: *A clock, a samovar and a Delft picture of a seated dog are the main elements in the kitchen's typically Dutch interior.*

A GAUCHE: *Un chien en porcelaine de Chine et un médaillon représentant une dame de qualité d'époque Empire ont été choisis pour la fraîcheur de leurs coloris.*
PAGE DE GAUCHE: *Dans la cuisine intime, la pendule, le samovar et le tableau en Delft représentant un chien assis forment les éléments principaux d'un intérieur typiquement hollandais.*

RECHTS: *Tea time: een van de honden, die luistert naar de prachtige naam Farah, heeft een behaaglijk plekje voor het haardvuur gevonden. Het water in de grote koperen ketel pruttelt zachtjes …*
VOLGENDE BLADZIJDEN: *Frans en Evert vinden in alles een aanleiding om te genieten. Van een goed boek, een geurige kop thee of gewoon van een uurtje 'dolce far niente'. De divan gaat schuil onder een met wapenschilden versierde stof en is het favoriete plekje van Ena.*

RIGHT: *Farah, a real dog, relaxing in front of the wood fire. The copper kettle is often in service for making China tea.*

FOLLOWING PAGES: *A sense of well-being pervades Frans and Evert's home. One might peruse a precious book or follow the example of their dog Ena, and snuggle up on the soft velvet sofa decorated with coats of arms.*

A DROITE: *Une des chiennes au joli nom de Farah a trouvé une place très agréable devant le feu de bois. Tout à l'heure la grosse bouilloire en cuivre servira à préparer un délicat thé de Chine.*
DOUBLE PAGE SUIVANTE: *Chez Frans et Evert, tout est prétexte au bien-être: déchiffrer avec fascination un livre ancien ou se retirer sur le canapé-lit moelleux recouvert d'un tissu décoré d'armoiries. La chienne Ena est tout à fait de leur avis.*

106
Andere Gebeden
ANDERE MANIERE
VAN
MISSE
TE HOOREN,
Door het overleggen van de Mysterien van het
Lyden van CHRISTUS.

Kasteel Twickel

Graaf en gravin zu Castell Rudenhausen

Overijssel

In Nederland zijn er niet veel kastelen die zich op een historisch en architecturaal verleden kunnen beroemen dat zo rijk is als dat van kasteel Twickel. Vele generaties adellijke families –we noemen enkel de Van Wassenaer Obdams en Aldenburg Bentincks– hebben hun stempel gedrukt op dit statige, ietwat strenge bouwwerk, waarvan de ingang wordt opgeluisterd door een paar forse beelden van Adam en Eva. Het door water omgeven kasteel van het Westfaalse type, dat zijn oorsprong vindt in de 14e eeuw, heeft een reeks indrukwekkende gedaanteverwisselingen ondergaan. Het bijzondere trappenhuis, dat in 1692 is gebouwd, werd ontworpen door Jacob Roman, die ook Paleis Het Loo bij Apeldoorn gestalte gaf. Weinigen weten dat ook de *Concerti Armonici*, die aan Michelangelo Pergolesi werden toegeschreven, in werkelijkheid werden gecomponeerd door Unico Wilhelm van Wassenaer Obdam, en dat koning George de Eerste van Engeland, die in 1727 Twickel aandeed, hier zo veel meloenen at tijdens een diner dat hij er in Osnabrück, zijn eindbestemming, aan bezweek. Het interieur van kasteel Twickel is even rijk en fascinerend als zijn verleden: marmer, Noors basalt, stucwerk, Cordobaans goudleder, eiken lambriseringen en Chinees en Japans porselein. Al deze elementen samen met de meubelen, de schilderijen en de zeldzame boekwerken in de bibliotheek doen de glorieuze tijd herleven van weleer en dragen bij tot een romantiek die in deze statige vertrekken tastbaar wordt.

LINKS: *Een stenen tap en een brede brug voeren naar de imposante ingang van kasteel Twickel.*
BOVEN: *Een loden vaas uit de 19e eeuw is versierd met een leeuwenkop.*

LEFT: *A stone staircase and a broad bridge lead to the imposing entrance of "Kasteel Twickel".*
ABOVE: *a 19th-century lead urn with a lion's head.*

A GAUCHE: *Un escalier de pierre et un large pont mènent à l'entrée imposante de «Kasteel Twickel».*
CI-DESSUS: *Une urne 19e en plomb est ornée d'une tête de lion.*

Vanaf het grote stenen beeld van Adam, dat met de rug tegen de voorgevel staat, heeft men een weidse blik richting orangerie.

A burly statue of Adam against the façade contemplates the plain architecture of the orangery.

Adossée à la façade, la grande statue d'Adam semble observer attentivement la sobre construction de l'orangerie.

Few buildings in Holland can boast a past or even an architectural history as rich as Twickel Castle. The successive reigns there of great noble families such as the van Wassenaer Obdams and the Aldenburg Bentincks have all left their mark on this solid, rather severe construction with its entrance adorned by statues of Adam and Eve. Twickel is a "Wasserschloss" of the Westphalian type with parts dating back to the 14th century, and over the years it has witnessed a number of spectacular changes. The staircase, built in 1692, was designed by Jacob Roman who was the architect of the "Het Loo" Palace near Apeldoorn. George I of England died at Osnabrück in 1727 as a consequence of eating too many melons while staying at Twickel. And so forth. As far as we are concerned, Twickel's chief merit resides in its magnificent interiors, which include fine work in marble and Norwegian basalt, splendid stuccoes, and the rarest Cordoba leather and oak panelling. There are also superb collections of Chinese and Japanese porcelain, furniture, paintings, and rare books. All these things recall the times when Twickel was the abode of great lords and ladies, whose shades still haunt many a room.

Très peu de châteaux en Hollande peuvent s'enorgueillir d'un passé historique et architectural aussi riche que le château de Twickel. Les dynasties successives des grandes familles nobles telles que les van Wassenaer Obdam et les Aldenburg Bentinck ont marqué de leur empreinte cette solide construction sévère dont l'entrée est agrémentée d'une paire de statues représentant Adam et Eve. Le château de type westphalien entouré d'eau et dont les origines remontent au 14e siècle fut le sujet d'une série de métamorphoses impressionnantes. La cage d'escalier, construite en 1692, porte la signature de Jacob Roman, l'architecte du Palais Royal «Het Loo» tout près d'Apeldoorn. Mentionnons au passage que le roi d'Angleterre, George Ier, de passage à Twickel en 1727, y mangea un si grand nombre de melons qu'il mourut par la suite à Osnabrück! Disons avant tout que Twickel renferme une série d'intérieurs fascinants où domine le marbre, le basalte norvégien, les stucs, le cuir de Cordoue, les lambris en chêne, les porcelaines de Chine et du Japon; ici les meubles, les tableaux et la bibliothèque aux volumes rares font revivre l'époque des Grands Seigneurs et des Belles Dames dont le souvenir hante encore les salons.

In een van de slaapkamers rust een bronzen hand op een weelderig fluwelen kussen.

A bronze hand resting on a rich cushion in one of the bedrooms.

Une main en bronze repose sur un coussin somptueux dans une des chambres à coucher.

LINKS: *Het is heerlijk vertoeven in een van de victoriaanse fauteuils bij de weelderige schouw.*
RECHTERBLADZIJDE: *In de Drostenkamer (de kamer van de rechters), die door architect Teunissen in neorococostijl werd uitgevoerd, werd in 1897 een spectaculaire 18e-eeuwse schouw van de hand van de Antwerpse bouwmeester en beeldhouwer Jan Pieter van Baurscheit geplaatst.*

LEFT: *an inviting armchair in Victorian style beside the magnificent fireplace.*
FACING PAGE: *In the "Drostenkamer" (Judges' Chamber) decorated in neo-rococo, there is a spectacular fireplace by the Antwerp sculptor and architect Jan Pieter van Baurscheit. The piece was added to the décor in 1897.*

A GAUCHE: *Il fait bon se reposer dans un des fauteuils victoriens près de la cheminée baroque.*
PAGE DE DROITE: *Dans la «Drostenkamer» (Chambre des juges) – décorée dans un style néo-rococo, une cheminée spectaculaire, œuvre de l'architecte et sculpteur anversois Jan Pieter van Baurscheit, a été intégrée en 1897.*

LINKS: *De elegantie van de Franse 18e eeuw komt volop tot uiting in de Louis Quinze-klok van marmer en verguld brons.*
RECHTS: *De vergulde bronzen kandelaar en een chocoladekop met deksel staan op het Louis Quinze-bureau.*

LEFT: *All the elegance of the French 18th century is concentrated in this Louis-Seize marble and gilt-bronze clock.*
RIGHT: *Standing on the Louis-Quinze desk are a gilt-bronze candlestick and an ornate chocolate cup complete with lid.*

CI-DESSUS: *On retrouve toute l'élégance du style français 18ᵉ dans cette pendule d'époque Louis Seize en marbre et en bronze doré.*
A DROITE: *Sur un secrétaire à abattant Louis Quinze, une tasse à chocolat munie d'un couvercle tient compagnie à un bougeoir en bronze doré.*

LINKS: *In de vroeg 20e-eeuwse keuken bewaart men zorgvuldig de gootsteen van massief hout. De koperen potten en pannen worden zo'n zes keer per jaar gepoetst.*
RECHTS: *De muur van de overloop bij de 'butler's pantry' is getooid met een 'cartouche': een Delfts blauw tableau.*

FACING PAGE: *The most striking features in the early 20th-century kitchen are a solid wood sink and a copper "batterie de cuisine" – which is polished, on average, six times a year.*
RIGHT: *The wall of the landing by the butler's pantry is decorated with a beautiful Delft plaque.*

PAGE DE GAUCHE: *Dans la cuisine, qui date du début du 20e siècle, on remarque surtout l'évier en bois massif et la batterie de cuisine en cuivre que les domestiques polissent en moyenne six fois par an.*
A DROITE: *Le mur du palier près du «butler's pantry» est orné d'une jolie plaque en Delft.*

Historisch Woonmuseum Don Quichotte

Frits Fritsen

Noord-Brabant

Als jongen droomde de voormalige huisschilder Frits Fritsen ervan in een fiere burcht te wonen, compleet met ophaalbrug en donjon en zijn grote voorbeeld was Lancelot. Later, toen hij ging beseffen dat de tijd van de graalridders voorgoed voorbij was, besloot hij zijn droom te verwezenlijken in het tuintje van zijn bescheiden woning in de buurt van 's–Hertogenbosch. Sinds die tijd zijn er mensen die beweren dat Fritsen een ziener is van het formaat van een Ferdinand Cheval en dat hij een meesterwerk van de fantastische architectuur zou hebben geschapen. Anderen drijven openlijk de spot met "de arme ridder Frits", die de ongelooflijke moed had om zijn aardige bloemenperkjes te verwoesten en bergen aarde en tonnen stenen te verplaatsen om een hallucinerend bouwwerk te verwezenlijken, dat de naam kreeg van historisch woonmuseum 'Don Quichotte'. Net als de tragische held van Cervantes daagde de dappere Frits iedereen uit die hem uitlacht en trekt hij ten strijde tegen de windmolens van de bureaucratie die waagde zich te verzetten tegen zijn romaneske plannen. Vandaag de dag lijkt het pleit gewonnen en voelt ridder Frits zich volmaakt gelukkig in zijn mini-Camelot. Hier loopt hij rond in de kleding die hij bij zijn romantische ideaal vindt passen en hier stelt hij ook zijn verzameling harnassen en wapens tentoon en zwaait hij verwoed met zijn unieke zwaard om de tegenstanders te bewijzen dat hij heer en meester is op 'Don Quichotte'.

LINKS: *Het siersmeedwerk bij de entree wordt bekroond met een middeleeuws fabeldier.*
BOVEN: *Een detail van het rijkversierde hoofdeinde van Fritsens' praalbed.*

LEFT: *The ironwork of the front door is crowned by a mediaeval mythical creature.*
ABOVE: *detail of the Fritsens' richly decorated, ceremonial bedhead.*

A GAUCHE: *La ferronnerie de la porte d'entrée est couronnée d'un animal mythique moyenâgeux.*
CI-DESSUS: *détail de la tête de lit richement décorée du lit d'apparat.*

De heer des huizes, voor de gelegenheid in een pseudo-historisch kostuum gestoken.

The Lord of the Manor, fittingly accoutred.

Le maître des lieux, vêtu pour l'occasion d'un costume pseudo-historique.

Frits Fritsen, a housepainter living in a small cottage near 's-Hertogenbosch, had always daydreamed of being a noble knight like Sir Lancelot, in a fortress with a drawbridge and a great frowning keep. But knowing very well that an Arthurian castle was far beyond his means, he decided to make his dream a reality at the bottom of his surburban garden. Some claim that Mr. Fritsen is a visionary like Ferdinand Cheval, who created what has turned out to be one of the masterpieces of "art fantastique". Others make fun of "poor Sir Frits", who was brave enough to destroy his pretty flower garden and move mountains of earth and stone in order to build a monument of kitsch which he dubbed "Don Quixote". Like Cervantes' tragic hero, Frits Fritsen had to strive mightily against the mockers, tilting again and again at the windmills of bureaucracy that thwarted him at every turn. In the end he triumphed and may yet be found in his mini-Camelot, attired in more or less period costume, fiercely brandishing a sword and displaying his collection of quite authentic arms and armour to anyone who cares to visit.

Il fut un temps où le peintre en bâtiment Frits Fritsen rêvait d'être un noble chevalier de l'envergure d'un Lancelot et d'habiter un château fort avec un pont-levis et un donjon majestueux. Réalisant toutefois que l'époque des chevaliers de la Table Ronde était bien lointaine, il décida de concrétiser son rêve au fond du jardinet de sa modeste maison près de 's-Hertogenbosch. Certains prétendent que Fritsen est un représentant de l'architecture fantastique comme le célèbre facteur cheval, mais d'autres se moquent ouvertement de ce «pauvre Chevalier Frits» qui eut le courage de détruire son joli jardin fleuri et de déplacer des montagnes de terre et des tonnes de pierres pour bâtir un ensemble kitsch baptisé «Don Quichotte ». Comme le héros tragique de Cervantès, le courageux Fritsen a défié les railleurs et s'est battu contre les moulins à vents de la bureaucratie qui s'opposait à cette architecture chevaleresque. Mais finalement, il a gagné son pari et en profite pour s'habiller en costume – vaguement – d'époque. Fritsen se sent parfaitement heureux dans son mini-Camelot. C'est ici qu'il expose sa collection d'armures et d'armes anciennes authentiques et qu'il brandit son épée pour prouver à ses adversaires qu'à «Don Quichotte», il est encore et toujours le maître des lieux.

De 'burcht' van Fritsen beslaat een groot deel van zijn bescheiden tuin.

Frits Fritsen's stronghold occupies a considerable portion of his modest garden.

Le château fort de Fritsen occupe une grande partie de son modeste jardin.

LINKS: *In de hal heeft de heer des huizes een deel van zijn collectie waardevolle harnassen en wapens tentoongesteld.*
RECHTERBLADZIJDE: *Frits heeft de gave om een romantische sfeer te scheppen, ook al gaat de entourage vaak mank aan accurate historische details.*

LEFT: *Part of Frits Fritsen's collection of arms and armour is displayed in his front hall.*
FACING PAGE: *Frits has a knack for creating an atmosphere of true romance, even though much of his décor isn't necessarily "d'époque".*

A GAUCHE: *Dans l'entrée, le maître des lieux a exposé une partie de sa collection d'armures anciennes.*
PAGE DE DROITE: *Frits a le don de créer une ambiance romantique, même si les éléments de la décoration ne sont pas toujours d'époque.*

RECHTS: *De 'kasteelheer' ziet er geen been in om een paar 19e-eeuwse stoelen uit de Vlaamse Neorenaissance naast een potkachel uit grootmoeders tijd te plaatsen.*

RIGHT: *Frits is no purist and doesn't claim to be one – hence the cast-iron charcoal stove set between a couple of 19th-century neo-Renaissance Flemish chairs.*

A DROITE: *En tant que décorateur, Fritsen n'est pas un puriste, ce qui explique pourquoi un poêle de «grand-mère» est flanqué d'une paire de chaises 19e de style néo-Renaissance flamand.*

LINKS: *Het toppunt van kitsch? Of een meesterwerk van de doe-het-zelver? Het praalbed, van de hand van meester Fritsen, is overdekt met barokke ornamenten van siergips.*
RECHTERBLADZIJDE: *Een religieus kunstvoorwerp dat de kruisiging uitbeeldt. De mantel is van de kasteelvrouw.*

LEFT: *Ultimate kitsch or masterpiece of do-it-yourself? The ceremonial bed – made by Frits Fritsen – is drenched in baroque ornament.*
FACING PAGE: *Any chateau worth its salt contains a few pieces of religious art, and "Don Quichotte" is no exception. The chatelaine's costume belongs to Mrs Fritsen.*

A GAUCHE: *Apothéose du kitsch ou chef-d'œuvre du bricolage? Le lit d'apparat – une pièce de maîtrise signée Fritsen – est revêtu d'innombrables décorations baroques.*
PAGE DE DROITE: *Tout château digne de ce nom renferme des œuvres d'art religieux et Frits n'a pas pu résister à une Crucifixion en plâtre. Le costume de châtelaine appartient à son épouse.*

i.n.r.i.

Cornelis Le Mair

Noord-Brabant

Cornelis Le Mair, ook wel 'de Paganini van het penseel' genoemd, wordt door zijn bewonderaars zonder aarzelen op één lijn gesteld met de grote meesters van de 17e eeuw. Cornelis, 'Cees' voor zijn vrienden, vindt het echter niet passend om met deze illustere 'collega's' vergeleken te worden. Hij geeft er de voorkeur aan om de nadruk te leggen op de originaliteit van zijn onderwerpen en de virtuositeit van zijn techniek. Cees woont in een oude boerderij in de buurt van Eindhoven en in de loop der jaren heeft hij het huis en de tuin omgetoverd tot een driedimensionaal schilderij, waarin het heerlijk leven is tussen de honden, katten, kippen, duiven en geiten en waarin hij als een vorst rondloopt, met wapperende, lange haren en een rembrandtesk sikje en gehuld in kleding die de hippiecultuur en de 18e-eeuwse pruikentijd alle eer aandoet. Hier schildert hij ook zijn doeken, die bij voorkeur bevolkt worden door nimfen, en door Leda's en Diana's die zich ophouden te midden van een waterval van rozen in een landschap à la Ruisdael. Cees houdt van geborduurde Indische stoffen, die hij over stoelen of over een divan drapeert, of die hij samen met een woud van exotische lantaarns aan het plafond bevestigt. In huize Le Mair staan vazen van Chinees porselein broederlijk naast muziekinstrumenten die door Cees zelf werden gebouwd en beschilderd en gaat Delfts blauw een vrolijk huwelijk aan met schitterende polychrome tegels uit Ispahan. Cees zou Voltaire na kunnen zeggen en net zoals in *Candide* kunnen beweren dat alles opperbest gaat in de beste van de werelden.

LINKS: *Bij Le Mair wordt een fruitschaal een inspirerend stilleven.*
BOVEN: *Van zijn reizen naar het Verre Oosten neemt Cees vaak porseleinen en aardewerk voorwerpen mee.*

LEFT: *At Le Mair's house, an ordinary dish of fruit is transformed into a classic still life.*
ABOVE: *Cees has brought home numerous ceramic statuettes from his travels in the Far East, notably this temple dragon.*

A GAUCHE: *Chez Le Mair, une coupe de fruits toute simple devient une nature morte.*
CI-DESSUS: *De ses voyages en Extrême-Orient, Cees ramène souvent des statuettes en céramique tel ce dragon de temple.*

De serre is het werk van amateur-architect Le Mair. De terracotta vaas stamt uit de 19e eeuw.

The greenhouse was designed by architect Le Mair, but the terracotta urn dates from the 19th century.

La serre est l'œuvre de l'amateur architecte Le Mair, mais l'urne en terre cuite date du 19e siècle.

In Holland he is known as the "Paganini of the Paintbrush" and his admirers unhesitatingly compare him with the great 17th-century masters: but the painter Cornelis Le Mair – Cees to his friends – refuses any comparison with his illustrious colleagues and insists only on the originality of his subject matter and his virtuoso technique. Cees lives in an old farmhouse near Eindhoven and over the years he has transformed his house and garden into a work of art in its own right, which he inhabits in company with dogs, cats, hens, pigeons and goats. Here he reigns supreme, long-haired like Molière with a Rembrandt-style goatee and moustache. His clothes are part hippie, part 18th-century marquis, and he paints canvases replete with nymphs, Ledas, Dianas, roses and Jacob van Ruisdael landscapes. His beds are draped with Indian embroidered fabrics and his ceilings are hung with exotic lanterns; his Chinese porcelain vases marry perfectly with the musical instruments he makes and decorates with his own hands; and his collection of Delft china supplies a delightful counterpoint to the magnificent tiles he brought home from Isphahan. Indeed everything here is for the best, in the best of all possible worlds.

Memento mori … Cees bestudeert aandachtig een schedel die op een Vanitas zal figureren.

"Memento Mori" – Cees contemplates a human skull which will later feature in one of his "Vanitas" paintings.

«Memento mori» – Cees étudie un crâne humain qui figurera sur une de ses «vanitas».

Aux Pays-Bas, on l'appelle «le Paganini du pinceau», et ses admirateurs le comparent sans hésiter aux grands maîtres du 17e siècle. Mais le peintre Cornelis Le Mair, Cees pour les intimes, refuse quant à lui toute comparaison avec ses illustres collègues et insiste sur l'originalité de ses sujets et de sa technique virtuose. Cees vit dans une vieille ferme du coté d'Eindhoven. Au cours des années, il a transformé son jardin et sa maison en une véritable œuvre d'art dans laquelle il fait bon vivre parmi les chiens, les chats, les poules, les pigeons et les chèvres. Ici, le maître des lieux arbore des cheveux longs à la Molière, moustache et barbichette rembrandtesque – sa tenue vestimentaire tient à la fois du hippie et du marquis 18e –, tout en peignant ses toiles peuplées de nymphes, de Lédas et de Dianes et d'une avalanche de roses et de paysages à la Jacob van Ruisdael. Cees adore draper ses lits de repos de tissus indiens brodés et ne peut s'empêcher de décorer ses plafonds avec des lanternes exotiques. Chez lui, les potiches chinoises se marient parfaitement aux instruments de musique qu'il a construits et décorés de ses propres mains et le Delft s'alterne allègrement avec des carreaux splendides rapportés d'Ispahan. Comme on peut lire dans le «Candide» de Voltaire: «tout va pour le mieux dans le meilleur des mondes.»

LINKS: *In het kleurrijke, met rijkelijk geornamenteerde stoffen gedecoreerde interieur zou een zigeuner zich net zo thuisvoelen als een hippie.*
RECHTERBLADZIJDE: *De slaapkamer van de meester is volgestouwd met schatten uit India. Ook de maquette van zijn droomhuis heeft hier een plaats gevonden en vertoont stijlelementen uit de Russische volkskunde, het Verre Oosten en de Oudhollandse folklore.*

LEFT: *Part gipsy caravan, part hippie pad, Cees's house is full of colours and glimmering fabrics.*
FACING PAGE: *The master's bedroom is stuffed with treasures brought back from India. It also contains his model "Dream House", variously inspired by the Orient, Russian folklore, and his native Holland.*

A GAUCHE: *Mi-roulotte de romanichelle, mi-gîte de hippie, la maison de Cees regorge de couleurs et de tissus chatoyants.*
PAGE DE DROITE: *Dans la chambre de maître, bourrée de trésors venant de l'Inde, se trouve aussi la maquette de sa Maison de Rêve inspirée par l'Orient, le folklore russe et sa Hollande natale.*

BOVEN: *Frans Francken de Jonge, Een rariteitenkabinet (1619). In het rariteitenkabinet van de verzamelaar stapelen de kostbaarheden zich op en naast een veelheid aan zeldzame schelpen, antieke medaillons, bloemen, juwelen, manuscripten en tekeningen, ontdekt de verbaasde toeschouwer een collectie schilderijen waarop een Madonna met Kind prijkt of waarop hij het vertrouwde silhouet ontwaart van een frisgroen landschap en een stokoude windmolen.*

ABOVE: *Frans Francken the Younger, A Collector's Cabinet (1619): A collector's room, filled with rare shells, medallions, manuscripts, objets d'art, drawings, flowers, gems and magnificent paintings.*

CI-DESSUS: *Frans Francken, Un cabinet de collectionneur (1619): L'antre du collectionneur regorge de coquillages rares, de médaillons précieux, de manuscrits, d'objets d'art, de dessins, de fleurs, de bijoux et de tableaux magnifiques.*

RECHTERBLADZIJDE: *Le Mair excelleert in het portretschilderen en zijn 'Meisje met bloemen' vormt hiervan een treffend obewijs.*

FACING PAGE: *Le Mair also excels in portraiture. His "Young Girl with a Bunch of Flowers" proves it.*

PAGE DE DROITE: *Le Mair excelle aussi dans l'art du portrait. Sa «Jeune fille au bouquet de fleurs» en est la preuve.*

RECHTS: *De werktafel van de kunstenaar lijkt bedrieglijk veel op een van zijn stillevens.*
VOLGENDE BLADZIJDEN: *Cees houdt van kleur en de stoffen, tegels, Indiase doeken en het porseleinwerk afkomstig uit het Verre Oosten getuigen van zijn voorliefde voor oranje, kobaltblauw en saffraangeel.*

RIGHT: *The artist's work table looks very similar to one of his own still lives.*
FOLLOWING PAGES: *Cees loves colours and his passion for orange, cobalt blue and saffron yellow is evident in the textiles, tiles, Indian scarves and porcelain he has brought back from the Far East. He came back from Isfahan with tons of tiles, with which he created his supremely exotic bathroom.*

A DROITE: *La table de travail de l'artiste ressemble fort à l'une de ses natures mortes.*
DOUBLE PAGE SUIVANTE: *Cees adore la couleur et son goût pour l'orange, le bleu cobalt et le jaune safran se reflète dans les tissus, les carrelages, les châles indiens et les porcelaines dénichés en Extrême-Orient. Il a rapporté un grand nombre de carreaux en faïence de son voyage à Ispahan. La salle de bains semble sortie tout droit des «Mille et Une Nuits».*

pilchards

AMOR DOCET MVSICAM

Het dijkhuisje

Ursula en Edgard Beckand

Noord-Brabant

Het huis van Ursula en Edgard Beckand geeft de indruk zich te willen verbergen voor nieuwsgierige blikken, maar niets is minder waar, want net zoals de andere dijkhuisjes langs de rivier zoekt het slechts bescherming tegen het wassende water, een oude vijand die het vlakke land al eeuwenlang bedreigt. De oude, lage boerderij, die op een steenworp afstand van de Maas werd gebouwd en die omgeven wordt door een grote tuin en diverse bijgebouwen, stal het hart van Ursula, een antiquaire met een duidelijke voorliefde voor volkskunst en oude poppen, en haar echtgenoot, musicus Edgard Beckand. En omdat ze nu eenmaal gevoelig zijn voor de charmes van het buitenleven, besloten ze om in dit romantische dijkhuisje te gaan wonen en er een idyllische woonomgeving te creëren, waarin hun fraaie collectie beschilderde meubelen, curiosa, primitieve schilderijen en antieke poppen goed tot hun recht zouden komen. Ursula is dol op reizen en ze stroopt de landen van Europa en de Verenigde Staten af op zoek naar het neusje van de zalm op het gebied van volkskunst en antieke vogelkooien. Kleden van de primitieve portretjes en kleden van gestencild linnen die ze meebrengt naar het dorp aan de rivier krijgen hier alle een ereplaats.

LINKS: *Ursula's unieke verzameling vogelkooien heeft een plekje gevonden onder het afdak van de oude schuur.*
BOVEN: *Dit nestkastje ziet eruit als een schattig plattelandshuisje in New England.*

LEFT: *Ursula's collection of bird cages, under the eaves of the old barn.*
ABOVE: *This birdcage is a miniature replica of a traditional New England country house.*

A GAUCHE: *La collection de cages à oiseaux d'Ursula a trouvé un abri sous l'auvent de l'ancienne grange.*
CI-DESSUS: *Ce couvoir a la forme exacte d'une maison de campagne traditionnelle de la Nouvelle-Angleterre.*

De geraniums voor het keukenraam zorgen voor een waterval van kleuren.

A cascade of geraniums makes a splash of brilliant colour by the kitchen window.

Une cascade de géraniums en pot pose une tache de couleur éclatante devant la fenêtre de la cuisine.

When you observe it from the crest of the dyke, you have a distinct impression that the house in which Ursula and Edgard Beckand live is trying to hide away from prying eyes. Not so: like all the other "Dijkhuisjes" in the vicinity, its chief concern for many centuries has been to stay above the floodwaters which have threatened the Netherlands for so many centuries past. The building, a low farmhouse surrounded by a large garden and numerous outbuildings, stands fairly close to the Meuse. Ursula Beckand, an antique dealer with a passion for folk art and antique dolls, and her musician husband Edgard, fell in love with it at first sight. Both have a deep affinity with the countryside, and they decided to put together an idyllic décor using a palette of bright colours that would complete their fine collection of painted furniture, rare objects, naive art and old earthenware. Ursula is a great traveller and a woman of insatiable curiosity about everything to do with folk art. She has brought painted canvas mats, kilims, chandeliers and birdcages home from her travels all over Europe and the Americas, enlivening her otherwise typically Dutch interior with treasures from every corner of the world.

Het huis van de Beckands ligt onderaan de dijk, alsof het bescherming zoekt tegen de kracht van het water.

The Beckands' "dijkhuisje" huddles against the dyke as if it were deliberately sheltering from the danger of flooding.

La maison des Beckand se blottit contre la digue comme si elle cherchait à se protéger des inondations.

Quand on l'observe du haut de la digue, on a l'impression que la maison d'Ursula et Edgard Beckand essaye de se dérober au regard des curieux. Rien n'est moins vrai, car comme toutes les autres «Dijkhuisjes» rangées en bordure de la digue, elle essaye simplement de se protéger contre l'agression de la crue, cette menaçante épée de Damoclès qui plane depuis des siècles audessus du plat pays. Bâtie à deux pas de la Meuse, l'ancienne ferme basse, entourée d'un grand jardin et de plusieurs dépendances, avait tout pour plaire à cette antiquaire passionnée d'art folklorique et de poupées anciennes et à son époux musicien. Comme ils sont sensibles aux charmes de la vie pastorale, ils décidèrent de se construire un décor idyllique composé d'une palette de couleurs gaies et vives qui mettraient en valeur leur belle collection de meubles peints, d'objets rares, de tableaux naïfs et de faïences anciennes. Grande voyageuse et surtout très curieuse de tout se qui touche à l'art folklorique, Ursula a ramené des autres pays d'Europe – et d'Amérique – des tapis en toile peinte, des kilims, des chandeliers et des cages à oiseaux. Son intérieur typiquement hollandais s'est ainsi enrichi d'une multitude de trésors issus des quatre coins du monde.

Ursula en Edgard houden van traditionele, heldere kleuren. Het portret boven de haard is een primitief schilderij uit het begin van de 19e eeuw, en is afkomstig uit New England.

Ursula and Edgard favour straightforward colours in the best rural tradition. The portrait over the mantel is an early 19th-century naive work from New England.

Ursula et Edgard adorent les couleurs franches dans la meilleure tradition campagnarde. Le portrait qui trône au-dessus de la cheminée est un naïf du début du 19e siècle, originaire de la Nouvelle-Angleterre.

BOVEN: *Het opvallendste deel van de eethoek is een 19e-eeuws vitrinekastje uit Staphorst.*
RECHTS: *De oude kelim op het voetenbankje past volmaakt bij het vloerkleed uit New Jersey.*
RECHTERBLADZIJDE: *In de keuken troont een 19e-eeuwse Hollandse hoekkast met een fraaie, petrolblauw geschilderde binnenkant. Hij werd door Ursula versierd met merklappen die iets meer vertellen over de leeftijd, afkomst en bedrijvigheid van de maakster.*

VOLGENDE BLADZIJDEN: *In de keuken overheersen de kleuren geel en blauw. De merklap aan de binnenkant van de hoekkast werd lang geleden geborduurd door ene juffrouw de Bruin.*

ABOVE: *The star feature of the dining area is a 19th-century glass-fronted cabinet from Staphorst.*
RIGHT: *The footrest covered in an old kilim fabric blends well with the stencilled New England carpet.*

FACING PAGE: *In the kitchen, the Dutch corner cupboard is painted blue on the inside. Ursula has hung the doors with pieces of traditional embroidery – known as "merklappen" – which used to be made by Dutch girls to prove their prowess with needle and silk.*
FOLLOWING PAGES: *Exuberant yellows and blues predominate in the kitchen. A "merklap" adorns one of the corner-cupboard's doors.*

CI-DESSUS: *La pièce de résistance du coin-repas est une armoire vitrée 19e provenant du village de Staphorst.*

A DROITE: *Le repose-pied recouvert d'un kilim ancien se fond dans le décor du tapis peint au pochoir, trouvé dans le New Jersey.*
PAGE DE DROITE: *Dans la cuisine, l'encoignure hollandaise 19e offre le beau spectacle de son intérieur peint en bleu pétrole. Sur les battants, Ursula a accroché des broderies traditionnelles – des «merklappen» – que les jeunes filles réalisaient pour prouver leur habilité aux travaux d'aiguille.*
DOUBLE PAGE SUIVANTE: *Le jaune et le bleu dominent la palette exubérante de la cuisine. Un «merklap» orne un des battants de l'encoignure.*

GMUSEUM
weihnachtliche Volkskunst
Zwiebeln
VOLVET
OVER 2000 VARIETIES
EVERY SEED GUARANTEED

ABCDEFGHIJKLMNOP
RSTUVWXYZ 1234567
890.
M. d Bruin
VERKADE'S
Prima Zaansche Beschuit
VERKADE'S FABRIEKEN
ZAANDAM
HOLLAND
ZAANDAM

DANKBETUIGING
ACKNOWLEDGEMENTS
REMERCIEMENTS

Het spreekt vanzelf dat Nederland een heel aparte plaats inneemt in ons leven. Tijdens het ontstaan van dit boek en onze vele 'ontdekkingsreizen' dwars door dit boeiende, vlakke land zijn we telkens weer bekoord geraakt door de geheel eigen schoonheid van het landschap en door het wonderlijk ongeschonden karakter van het landelijke leven. Het is een onmogelijke opgave om al diegenen te bedanken die ons hun vertrouwen en ook hun vriendschap hebben geschonken en ons hebben geholpen om dit boek tot een goed einde te brengen. Toch willen we onze bijzondere dank uitspreken voor de onvoorwaardelijke steun van Louise van Everdingen en Claes Conijn en voor het enthousiaste team van Taschen, dat zich zoals gewoonlijk met hart en ziel heeft ingezet voor de verwezenlijking van dit project.

It goes without saying that Holland occupies a special place in our hearts. Our travels through the length and breadth of the Dutch countryside compiling material for this book have, if anything, increased our affection and appreciation for the beauty of our native land. To thank every individual who gave us wholehearted trust, friendship and assistance in the course of our work would be quite impossible, for the list is quite literally endless. Nevertheless, we cannot omit to mention the steady support afforded us by Mrs. Louise van Everdingen and Mr. Claes Conijn and by the Taschen team, who as usual have done their utmost to ensure the success of this project.

Il va de soi que la Hollande occupe une place prééminente et tout à fait particulière dans nos cœurs. Mais le fait de travailler sur le sujet fascinant du présent ouvrage – et de traverser les Pays-Bas de haut en bas et de long en large –, n'a fait qu'augmenter notre affection pour le «plat pays» et sa beauté remarquable. Remercier tous ceux qui nous ont témoigné leur confiance absolue, qui nous ont fait cadeau de leur amitié et qui nous ont aidés à réaliser cet ouvrage nous paraît impossible tant la liste en est longue. Toutefois, nous ne pouvons omettre de mentionner le support inconditionnel de Madame Louise van Everdingen et de Monsieur Claes Conijn et de toute l'équipe des éditions Taschen qui, comme à l'accoutumée, s'est lancée corps et âme dans la réalisation de ce projet.

Barbara & René Stoeltie

LINKS: *Ambrosius Bosschaert, Bloemen in een vaas (1606). Er bestaat geen afbeelding van een Hollands boeket zonder de overweldigende aanwezigheid van de tulp. En net zoals de slakken, de vlinders en de rupsen is het onmogelijk om weerstand te bieden aan deze volmaakte combinatie van vorm en kleur.*

Ambrosius Bosschaert, Flowers in a Glass (1606): A profusion of tulips, roses, carnations, irises, lilies and parrot-tulips to charme the eye.

Ambrosius Bosschaert, Fleurs dans un vase (1606): Comment résister au charme de cette accumulation somptueuse de tulipes, de roses, d'œillets, d'iris, de lys et de tulipes-perroquets?

VOORZIJDE OMSLAG: *blik in de slaapkamer van schrijfster Betje Wolf in Middenbeemster in Noord-Holland (zie bladzijde 30–37)*

FRONT COVER: *view of the bedroom of writer Betje Wolff in Middenbeemster, Noord-Holland (see pages 30–37)*

COUVERTURE: *vue de la chambre à coucher de l'écrivain Betje Wolff à Middenbeemster, Noord-Holland (voir pages 30–37)*

ACHTERZIJDE OMSLAG: *appeloogst uit de boomgaard van het Koetshuis in Gelderland (zie bladzijde 108–113)*

BACK COVER: *harvest of apples from the ochard of Het Koetshuis, Gelderland (see pages 108–113)*

DOS DE COUVERTURE: *récolte de pommes cueillies dans le verger de Het Koetshuis, Gelderland (voir pages 108–113)*

BLADZIJDE 2: *De zee strekt zich uit tot de horizon en het riet beweegt in de wind.*

PAGE 2: *The sea stretches to the horizon, while the reeds bend in the wind.*

PAGE 2: *La mer s'étend à perte de vue et sur la rive des roseaux se bercent doucement au rythme du vent.*

BLADZIJDE 4: *Jan Vermeer, Straat in Delft, (c. 1657–1658), detail, Rijksmuseum, Amsterdam*

PAGE 4: *Jan Vermeer, Street in Delft, (c. 1657–1658), detail, Rijksmuseum, Amsterdam*

PAGE 4: *Jan Vermeer, La ruelle (vers 1657–1658), détail, Rijksmuseum, Amsterdam*

BLADZIJDE 6 EN 7: *Jacob van Ruisdael, De molen bij Wijk bij Duurstede (1670), detail, Rijksmuseum, Amsterdam*

PAGES 6 AND 7: *Jacob van Ruisdael, The Windmill at Wijk (1670), detail, Rijksmuseum, Amsterdam*

PAGES 6 ET 7: *Jacob van Ruisdael, Le Moulin de Wijk (1670), détail, Rijksmuseum, Amsterdam*

Hohenzollernring 53, D-50672 Köln
www.taschen.com

Ontwerp: Catinka Keul, Keulen
Lay-out: Angelika Taschen, Keulen
Zetwerk: Horst Neuzner, Keulen
Vertaling Engels: Anthony Roberts, Lupiac
Vertaling Duits: Marion Valentin, Keulen
Vertaling Nederlands: Nannie Nieland-Weits
Redactie Nederlands: TextCase, Groningen

Printed in Italy
ISBN 3-8228-6248-7